手把手教你买基金

李震坚 —— 著

民主与建设出版社
·北京·

© 民主与建设出版社，2022

图书在版编目（CIP）数据

手把手教你买基金 / 李震坚著. -- 北京：民主与建设出版社，2022.5

ISBN 978-7-5139-3803-7

Ⅰ.①手… Ⅱ.①李… Ⅲ.①基金－投资－基本知识 Ⅳ.① F830.59

中国版本图书馆 CIP 数据核字 (2022) 第 051546 号

手把手教你买基金
SHOUBASHOU JIAONI MAI JIJIN

著　　者	李震坚
责任编辑	吴优优　金　弦
装帧设计	小徐书装
出版发行	民主与建设出版社有限责任公司
电　　话	（010）59417747　59419778
社　　址	北京市海淀区西三环中路 10 号望海楼 E 座 7 层
邮　　编	100142
印　　刷	天宇万达印刷有限公司
版　　次	2022 年 5 月第 1 版
印　　次	2022 年 7 月第 1 次印刷
开　　本	670mm×950mm　1/16
印　　张	13.5
字　　数	161 千字
书　　号	ISBN 978-7-5139-3803-7
定　　价	42.00 元

注：如有印、装质量问题，请与出版社联系。

前言
PREFACE

在投资热潮盛行的当下，越来越多的人将投资基金作为财富增值的一种途径。也许你对基金及基金投资不是很了解，但你可能注意到基金经常冲上一些平台的热搜，甚至在各类平台上还出现一系列关于某优秀基金经理的讨论，这些现象都反映出大众对基金投资的关注。

基金的本质是"受人之托，代人理财"。当前，国内证券市场监管、治理等各方面逐渐完善，基金投资的优势逐渐显现。与投资股票相比，基金投资是将自己的钱交给专业的基金公司去打理，投资者无须过多地查看市场变化，也不用时时盯着盘面；与投资债券相比，虽然基金投资风险较高，但有较高的收益以及灵活的流动性，投资者可以随时根据需要赎回自己的资金。正是基于基金投资的各种优势，很多普通投资者开始将投资的视角转向基金投资。

一般来说，以下五类人群比较适合做基金投资。

（1）领取固定薪资的上班族。大多数上班族，特别是一些初入职场的上班族，每月薪资扣除各项生活所需之后剩余资金较少，进行大额投资的时机还不够成熟，此时，就可以选择基金定投进行小额的、长期的投资。

（2）有特定理财目标或者有远期资金需求的人。同样地，对一些有理财目标或者未来有大额资金需求的人来说，尽早开始小额投资，逐渐累积基金资产，也是小钱变大钱的可取途径。

（3）有投资意愿但缺乏投资经验的人。很多人想要投资但不敢行动，主要是因为缺乏投资经验。实际上，基金投资对投资者的投资经验并没有过多的要求。基金投资是一种由专业人士进行专业理财的方式，并且有专门的托管机构（银行等）对投资者的资金进行托管，安全性高，投资者如果有基金投资意愿，可以放心做基金投资。

（4）不喜欢承担大风险的投资者。基金是一种集合理财的方式，基金经理会将投资者的钱汇集起来进行股票、债券、货币等的分散投资，这能很好地分散投资风险，让投资者尽可能地避开市场震荡带来的各种不确定影响。

（5）有闲钱但没有投资时间的人。我们知道，股票投资者往往需要在证券市场的每个交易日花较多的时间去盯着盘面变化，以确定自己的买卖时机，而对于没有充裕投资时间的人来说，股市就不大适合了。而基金投资的一大特点就是不用过多地观察大盘，也没有关注市场变化的过多要求，这就能很好地满足生活、工作、学习非常紧张的投资者。

基金投资逐渐成为人们打理钱财的一种方式。本书作为一本基金投资基础读物，罗列了丰富的基金产品及其相关交易技巧，手把手教读者做基金投资。此外，书中也详细讲解了诸多实操细节，能让没有投资经验的读者对基金投资的具体内容及相关操作有一定了解。总之，本书是一本帮助读者有效认识基金投资和做基金投资的实用工具书。

目录 CONTENTS

第1章 基金投资基础知识

什么是基金 / 002

认识各类基金产品 / 007

基金买卖的基本方式、费用及收益 / 012

理性看待基金投资的5大风险 / 017

熟悉基金交易常用术语 / 019

第2章 做好准备工作，快速入手基金投资

体验不同渠道的基金账户开通流程 / 024

开放式基金的投资操作流程 / 031

从基金招募说明书入手，深入了解基金概况 / 036

摒弃错误心理，设定目标，打好投资基础 / 041

第3章　货币基金：一次性投入的首选

认识货币基金的种类及其风险 / 046

货币基金投资收益的体现 / 050

使用好货币基金的申购、赎回技巧 / 054

注意影响货币基金投资的一些因素 / 056

第4章　债券基金：利用多元化投资打理中短期资金

认识市场中的债券基金 / 060

多种多样的债券基金 / 066

理解债券基金的赚钱逻辑，挑选优质基金 / 069

操作债券基金的相关注意事项 / 074

第5章　股票基金：依据股市行情获取股市收益

了解股票基金，学会挑选可投资股票基金 / 078

正确认识股票基金的市场表现 / 083

止盈、止损、逆市布局：提升投资股票基金获胜概率 / 087

投资股票基金的一些经典策略 / 091

第6章　指数基金：跟踪指数趋势实现低成本投资

通过指数，发掘指数基金的投资优势 / 096

指数基金的类别及挑选标准 / 101

了解国内的主要股票指数与债券指数 / 105

价值投资，选择低估指数做指数基金投资 / 109

第7章 混合基金：不明投资环境中的多元化投资工具

不同资产配置比例下的混合基金分类 / 116

3大要领，促成混合基金投资成功的关键 / 120

第8章 4类特殊基金：适合不同的投资者灵活投资

基于ETF基金概况进行相关交易 / 126

了解LOF基金的特点，熟悉套利操作技巧 / 130

明确FOF基金的获利途径，巧用策略做投资 / 133

选对QDII基金，给投资者增加获利机会 / 137

第9章 封闭式基金：高回报满足场内交易者的需求

封闭式基金买卖基础知识 / 142

从盘面入手，了解封闭式基金的交易信息 / 145

根据折价率挑选封闭式基金 / 149

第10章 组合投资：化解投资风险的利器

构建基金组合的基本依据及模式 / 154

熟悉基本步骤，构建适合投资者的基金组合 / 159

适时调整，保证投资组合的有效性 / 162

第11章　基金定投：定期投入累积大额收益

学习基金定投的基础知识 / 166

精挑细选，用合适的基金产品做定投 / 170

3种加仓技巧，获取下跌市场中的基金份额 / 176

估值止盈+最大回撤止盈，锁定投资收益 / 181

第12章　实用投资技巧：用好基金获取高回报

顺应行情，用适宜的基金赚取投资收益 / 188

关注基金定期报告，看懂基金的信息披露 / 192

理解彼得·林奇七大投资法则，做好长期投资 / 200

第1章

基金投资基础知识

- 什么是基金
- 认识各类基金产品
- 基金买卖的基本方式、费用及收益
- 理性看待基金投资的5大风险
- 熟悉基金交易常用术语

什么是基金

基金作为一种稳健、易于打理的投资工具,逐渐在大众之间流行起来,很多人选择将投资基金作为自己打理钱财的一种方式。作为普通投资者的我们,了解基金投资的相关知识,适当借助基金参与理财,对我们积累财富、实现财富增值有很好的帮助。

认识基金

在认识基金之前,先明确一下,这里说的基金是指证券投资基金,而不是在其他场合听到的慈善基金、福利基金、扶贫基金等。

关于证券投资基金(以下简称"基金"),在不同的国家一般会有不同的称呼。例如,在美国,基金是指共同基金,用来投资证券、黄金、期货、房地产等。所以,投资领域的基金是一种投资工具,类似于股票、债券等。

实际上,基金是一种利益共享、风险共担的集合证券投资方式,它通过发行基金份额来集中投资者的资金,由基金托管人托管、基金管理人管理与运作,从事股票、债券、外汇、货币等证券工具的投资,以获得投资收益和资本增值。借助图1-1,读者可以更好地理解基金。

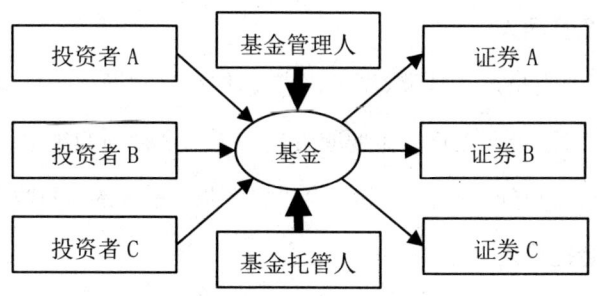

图1-1 基金的理解

所以,对一只基金而言,其发起、设立后的一般运作流程为:汇集投资者的资金 → 基金管理人将资金用于投资 → 分配投资收益。

(1)汇集投资者的资金:通过基金购买渠道汇集基金投资者的资金成为基金。

(2)基金管理人将资金用于投资:基金管理人(一般是基金管理人委托的投资专家,即基金经理)投资运作基金。其中,投资者、基金管理人、基金托管人通过基金契约的方式建立信托协议,确立投资者出资、基金管理人受托负责理财、基金托管人负责保管资金三者之间的信托关系;基金管理人与基金托管人(主要是银行)通过托管协议确立双方的责权。

(3)分配投资收益:基金管理人经过专业理财,将投资收益分配给投资者。

基金的当事人

1. 基金投资者

基金投资者是基金出资人、基金资产所有者和基金投资收益受益人。基金投资者可以是个人,也可以是机构。

2. 基金管理人

基金管理人是负责基金资产的投资运作和日常管理的机构。基金管理人由基金管理公司担任，主要职责是按照基金合同的规定，负责基金资产的运作，做好风险控制，为基金投资者赚取最大的投资收益。

3. 基金托管人

《中华人民共和国证券投资基金法》规定，经批准设立的基金应委托商业银行及其他取得基金托管资格的金融机构作为托管人。其职责主要体现在基金资产保管、基金资产清算、会计复核、监管基金投资运作等方面。

基金的三方当事人在基金运作的过程中形成了紧密的关系：投资者委托基金管理人投资、基金托管人托管；基金管理人接受委托进行投资管理、监督基金托管人并接受基金托管人的监督；基金托管人保管基金资产，执行投资指令，同时，监督基金管理人并接受基金管理人的监督。

在基金三方当事人的促成下，基金投资的运作流程见图1-2。

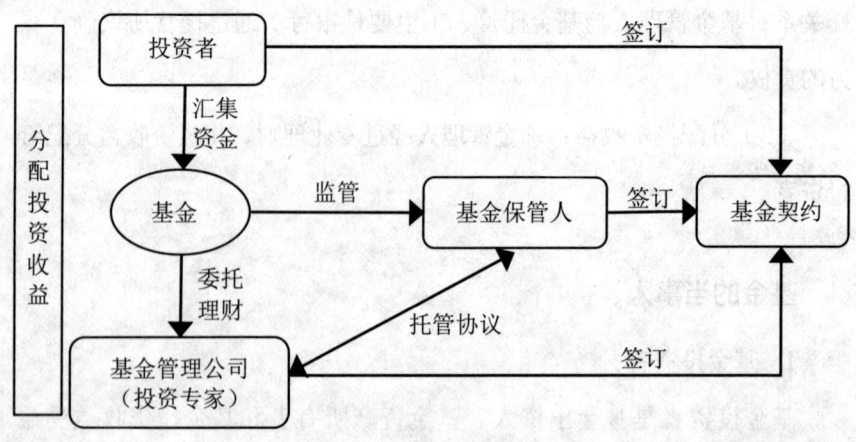

图1-2 基金投资运作流程

基金投资的特点

在基金投资的运作体系下,基金投资具有以下5个特点。

1. 集合理财,专业管理

基金将众多投资者的资金集中起来,委托基金管理人进行共同投资,表现出一种集合理财的特点。然后,基金由基金管理人进行投资管理和运作。基金管理人一般拥有大量的专业投资研究人员和强大的信息网络,可以更好地对证券市场进行全方位的动态跟踪与分析,进而让持有基金份额的中小投资者享受到专业的投资服务。

2. 组合投资,分散风险

为降低投资风险,《中华人民共和国证券投资基金法》规定,基金必须以资产组合的方式进行基金的投资运作。基金通常会购买几十种甚至上百种股票等证券产品,投资者购买基金就相当于用较少的资金购买了一篮子股票等证券产品,这就可以充分享受到组合投资、分散风险的好处。

3. 利益共享,风险共担

基金投资者是基金的所有者。基金投资收益在扣除由基金承担的费用后,盈余全部归基金投资者所有,并依据各投资者所持有的基金份额比例进行分配。为基金提供服务的基金托管人、基金管理人只能按规定收取一定的托管费、管理费,并不参与基金收益的分配。

4. 严格监管,信息透明

中国证监会对基金业实行比较严格的监管,对各种有损投资者利益的行为进行严厉的打击,并强制基金进行较为充分的信息披露。在这种情况下,严格监管与信息透明也就成为基金投资的一个显著特点。

5. 独立托管，保障安全

基金管理人负责基金的投资操作，本身并不经手基金财产的保管。基金财产的保管由独立于基金管理人的基金托管人负责。这种相互制约、相互监督的制衡机制为投资者的利益提供了重要的保障。

认识各类基金产品

证券市场中的基金产品多种多样,基于不同的分类标准,可以将它们划分为不同的类别。

依据不同运作方式进行的基金分类

依据运作方式的不同,基金可分为封闭式基金和开放式基金。

(1)封闭式基金:指基金份额在基金合同期限内固定不变,基金份额可以在依法设立的证券交易所交易,但基金份额持有人不得申请赎回的一种基金运作方式。

(2)开放式基金:指基金份额不固定,基金份额可以在基金合同约定的时间和场所进行申购或者赎回的一种基金运作方式。这里的开放式基金特指传统的开放式基金,不包括ETF、LOF等开放式基金。

封闭式基金与开放式基金的主要区别见表1-1。

表1-1 封闭式基金与开放式基金的主要区别

类别	不同点				
	存续期限	份额限制	交易场所	价格形成方式	激励约束机制及投资策略
封闭式基金	一般都有一个固定的存续期，我国封闭式基金的存续期大多在15年左右	基金份额固定	只能委托证券公司在证券交易所内买卖，交易在投资者之间完成	受二级市场价格供求关系的影响	在封闭期内，不管表现如何，投资者都无法赎回投资。基金经理会根据预先设定的投资计划进行长期投资和全额投资，并将基金资产投资于流动性较差的证券上，这有利于基金长期业绩的增长
开放式基金	一般没有期限	基金份额不固定，投资者可随时提出申购或赎回申请，基金份额随之发生增减	投资者可向基金公司或其销售代理提出申购或赎回申请，交易在投资者与基金管理公司之间完成	以基金份额净值为基础，不受供求关系的影响	基金业绩好时会吸引新的投资，反之则面临赎回压力。此外，由于份额不固定，为了满足随时赎回的要求，开放式基金保留一定的现金资产，重视基金产品的流动性，这会给基金的长期业绩带来一些不利影响

依据不同投资对象进行的基金分类

依据投资对象的不同，基金可分为股票基金、债券基金、货币市场基金（以下简称"货币基金"）和混合基金。

（1）股票基金：指80%以上的基金资产投资于股票的基金。股票基金通过分散投资可以降低个股投资的非系统性风险,但不能回避系统性投资风险。操作风险则因基金不同而差别很大。

(2)债券基金:指80%以上的基金资产投资于债券的基金。债券基金面临利率风险、信用风险、提前赎回风险以及通货膨胀风险。债券的价格与市场利率变动密切相关,且呈反方向变动。当市场利率上升时,大部分债券的价格会下降;当市场利率降低时,债券的价格通常会上升。

(3)货币基金:指资产仅投资于货币市场工具的基金。货币基金面临利率风险、信用风险、提前赎回风险以及通货膨胀风险。我国的货币市场基金不得投资于剩余期限高于397天的债券,投资组合的平均剩余期限不得超过180天,实际上货币市场基金的风险相对比较低。

(4)混合基金:指投资于股票、债券和货币市场工具,但股票投资和债券投资的比例不符合股票基金、债券基金规定的基金。基金风险的大小取决于股票与债券的配置比例。一般而言,偏股型基金的风险较高,但预期收益率也较高;偏债型基金的风险较低,但预期收益率也较低;股债平衡型基金的风险与收益则较为适中。

依据不同投资目标进行的基金分类

依据投资目标的不同,基金可分为成长型基金、收入型基金和平衡型基金。

(1)成长型基金:指以追求资本增值为基本目标,较少考虑当期收入的基金,主要以具有良好增长潜力的股票为投资对象,风险较大,收益较高。

(2)收入型基金:指以追求稳定的经常性收入为基本目标的基金,

主要以大盘蓝筹股、公司债券、政府债券等稳定收益证券为投资对象，风险小，收益也较低。

（3）平衡型基金：指既注重资本增值又注重当期收入的一类基金，风险、收益则介于成长型基金与收入型基金之间。

依据不同投资理念进行的基金分类

依据投资理念的不同，基金可分为主动型基金和被动型基金。

（1）主动型基金：指力图超越基准组合表现的基金。

（2）被动型基金：指不主动寻求取得超越市场的表现，而是试图复制指数的表现，并且一般选取特定的指数作为跟踪对象的基金，因此通常又被称为"指数基金"。

相比较而言，主动型基金比被动型基金的风险更大，但获得的收益也可能更大。

特殊类型的基金

（1）系列基金：又称为"伞型基金"，是指多个基金共用一个基金合同，子基金独立运作，子基金之间可以进行相互转换的一种基金结构形式。

（2）保本基金：指通过采用投资组合保险技术，保证投资者的投资目标在锁定下跌风险的同时力争有机会获得潜在高回报的基金。

（3）ETF基金：即交易型开放式指数基金（Exchange Traded Funds，简称ETF），又称为"交易所交易基金"，是一种在交易所上市交易的、基金份额可变的开放式基金。

（4）LOF基金：即上市开放式基金（Listed Open-ended Funds，简

称LOF），是一种既可以在场外市场进行基金份额申购赎回，又可以在交易所（场内市场）进行基金份额交易、申购或赎回的开放式基金，它是我国对证券投资基金的一种本土化创新。

（5）FOF基金：即基金中的基金/母基金（Fund of Funds，简称FOF），投资范围仅限于其他基金，也就是通过投资其他基金而间接持有股票、债券等证券资产。

（6）QDII基金：即合格的境内机构投资者（Qualified Domestic Institutional Investor，简称QDII），是在一国境内设立，经该国有关部门批准从事境外证券市场的股票、债券等有价证券投资业务的基金。

基金买卖的基本方式、费用及收益

投资者购买基金，因为基金所处阶段不同，对应的购买方式也会有所不同。此外，购买基金还需要付出一定的成本费用。投资者选择投资基金是为了获取投资收益，而基金投资收益包含不同的内容。

基金买卖的基本方式

对开放式基金来说，从基金募集成立到发行，是一个阶段性的过程。基于此，开放式基金会对应认购、申购、赎回、转换、转托管等买卖方式。

（1）认购：指在基金募集期内，投资人根据基金合同和招募说明书的规定申请购买基金份额的行为。

（2）申购：指基金合同生效后，投资人根据基金合同和招募说明书的规定申请购买基金份额的行为。

（3）赎回：指基金合同生效后，基金份额持有人按基金合同和招募说明书规定的条件要求将基金份额兑换为现金的行为。

（4）转换：指基金份额持有人按照基金合同和基金管理人届时有效公告规定的条件，申请将其持有基金管理人管理的某一基金的基金份额转换为基金管理人管理的其他基金份额的行为。

（5）转托管：指基金份额持有人将其在某一销售机构开立/登记的基金账户中的基金份额全部或部分转出，并转入另一家销售机构开立/登记的基金账户中。

说到基金买卖方式，我们不得不提到基金交易时间。在开放式基金的交易过程中经常会用到"T日""T+1日"，那么它们是什么意思呢？

T日，是指开放式基金销售机构在规定时间受理投资者申购、转换、赎回或其他业务申请的工作日。T日以股市收市时间为界，每天15：00之前提交的交易按照当天收市后公布的净值成交，15：00之后提交的交易将按照下一个交易日的净值成交。例如，周一15：00前提交的交易，以T日（周一）的净值成交，T+1日（星期二）确认交易。

需注意的是，周末或节假日前最后一个工作日15：00后到节后第一个工作日15：00前为同一个工作日。例如，星期五15：00之后提交的交易将视为下星期一的交易，T日为下星期一，以T日的净值成交，T+1日（下星期二）确认交易。

基金投资的相关费用

在投资基金的过程中，对应的投资费用存在于基金的销售过程和管理过程中，它们分别被称为交易费用和运作费用。如图1-3所示是基金投资费用的一些构成项目。

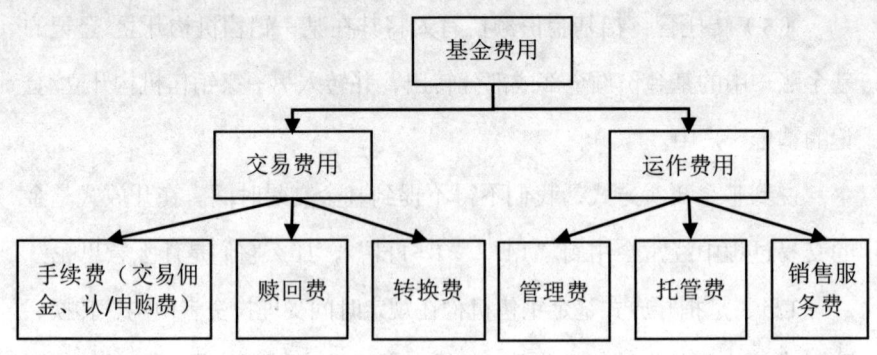

图1-3 基金投资相关费用

1. 基金的交易费用

（1）手续费。基金交易的手续费在场内[①]和场外[②]有所差别。

①交易佣金。这是一些场内基金（包括ETF和LOF）买卖过程中需要支付给券商的佣金，具体以券商的佣金标准为准，一般等同于股票佣金，在0.03%左右（每万元基金对应的佣金比率）。佣金也是双向收费的，即买和卖都需要支付佣金，并且每笔佣金基本都有5元的最低收费。

②认购费、申购费对应的是场外基金。

一般地，不同基金对应的认购费用不同，有些基金免认购费用，也有一些基金按认购金额的1%左右收取认购费，同时，认购金额越大，费率越低。认购费用的相关计算如下：

$$认购费用 = 认购金额 \times 认购费率$$

$$净认购金额 = 认购金额 - 认购费用$$

[①] 场内：即股票市场，也称为二级市场，封闭式基金、ETF、LOF等在场内购买。
[②] 场外：指股票交易市场外，即银行、证券公司、基金公司等开放式基金的代销与直销渠道。

在基金的封闭期结束后，投资者要申请购买开放式基金，就需要支付申购费用（最高不超过1.5%，申购金额越大，费率越低），申购费用的相关计算如下：

$$申购费用=申购金额×申购费率$$
$$净申购金额=申购金额-申购费用$$

认购费和申购费的收取都分为前端收费和后端收费两种方式。前端收费是指在认购、申购基金时就需支付认购费或申购费的付费方式；后端收费是指在购买开放式基金时并不支付申购费，等卖出时才支付的方式。

（2）赎回费：指卖出基金时需要缴纳的费用（最高不超过1.5%），一般一次性收取。目前货币基金免赎回费，其他类型的基金根据持有期限不同对应不同的赎回费率，持有期限越长，基金赎回费率越低。

（3）转换费：指同一基金管理公司旗下的不同开放式基金之间，或第三方基金销售平台上不同基金公司的开放式基金之间，相互转换所发生的费用。

2. 基金的运作费用

基金的运作费用发生在基金的管理过程中，主要有基金管理费、托管费、销售服务费。这些运作费用由基金资产承担，无须投资者支付。因此，投资者看到的每个交易日公布的基金净值都是扣除了这些运作费用的。

基金的投资收益

基金的投资收益是指基金运作过程中超过基金资产自身价值的增值部分，一般来说，基金收益包括6类。

（1）红利：指基金购买公司的股票而享有对该公司净利润分配的所得。基金作为一种长期投资的理财工具，其主要目标在于为投资者获取长期、稳定的回报，而红利是构成基金收益的一个重要部分。因此，投资股票的红利多少，是基金管理人选择投资组合的重要标准。

（2）股息：指基金购买公司的优先股而享有对该公司净利润分配的所得，通常分配比例是事先规定的。这是股息与红利的主要区别。股息也是构成投资者回报的一个重要项目，同时股息高低也是基金管理人选择投资组合的一个重要标准。

（3）债券利息：指基金投资于不同种类的债券而定期获得的利息，因此，债券利息也是构成基金投资回报的重要部分。

（4）买卖证券差价：指基金投资于证券而形成的价差收益，也称为"资本利得"。

（5）存款利息：由于开放式基金必须随时准备支付投资者的赎回申请，因此必须保留一部分现金存在银行。存款利息就是基金资产的银行存款利息收益，这部分收益仅占基金收益很小的一部分。

（6）其他收入：指运用基金资产带来的成本或费用的节约额，比如基金因大额交易而从券商处得到的交易佣金优惠收入等。

理性看待基金投资的5大风险

任何投资都有风险,这一点毋庸置疑,只不过投资方向不同,其风险大小也有所差异。我们已经知道,基金投资是一种专业化的投资理财方式,但由于证券市场的不确定性,在投资基金的过程中,投资者必须要面对5大投资风险:市场风险、流动性风险、未知价风险、管理运作风险、基金投资品种固有的风险。认识这些风险,投资者能更加理性地看待基金投资,并做好投资准备。

1. 市场风险

市场风险指证券市场本身所具有的风险,是任何基金产品都要面临的风险。例如,国际、国内的政治及经济政策变动等,都会给证券市场带来一定的影响,使证券产品的价格产生大幅波动。尽管基金本身是一种组合投资理财工具,这在一定程度上能分散基金所面临的市场风险,但如果对基金本身所面临的风险认识不到位,投资者在投资的过程中可能就会因采取了一些盲目的行动而给投资造成更严重的损失。

2. 流动性风险

流动性风险指基金卖出时投资者面临的变现困难和不能在适当的价格和时机变现的风险。同样地,任何投资工具都有流动性风险。例如,一些开放式基金的流动性风险主要表现为:当面临巨额赎回或暂停赎回的情况时，投资者可能会面临无法赎回或因净值下跌而低价赎回的风险。

3. 未知价风险

未知价风险主要表现在开放式基金的申购和赎回上。我们知道，开放式基金要求按照当天的净值申购和赎回，但开放式基金当天的净值只能在股市收盘后才能计算出来，所以投资者在当天申购和赎回基金时，并不知道最终的实际交易价格。所以，投资者在申购或赎回前看好的价格，由于市场的不确定性，往往与实际的交易确认价格有一定的出入，这就是投资者要面临的未知价风险。

4. 管理运作风险

管理运作风险是与基金管理公司相关的风险。我们知道，只有基金管理公司有严密的内部控制制度和风险控制体系，才能保证基金管理运作的基本环境处于良好状态；同时，基金经理及投资团队的能力水平对基金风险的高低也有重要影响。因此，我们建议投资者要挑选那些规模较大、综合排名靠前的基金公司，并以这些基金公司的基金作为投资对象。

5. 基金投资品种固有的风险

基金投资品种固有的风险与基金的投资方向和所追求的投资目标密切相关，这是基金产品诞生之后本身就具有的一种风险。我们知道，在各类基金投资品种间，股票型基金本身固有的风险较高，但在股票型基金当中，因为投资目标的不同，那些投资于成长潜力较强的小型股票的基金的风险相对更高，那些投资于业绩稳定的大型股票的基金的风险相对更低。

熟悉基金交易常用术语

在投资基金的过程中,相关操作环节还会涉及一些专业的投资术语。投资者了解这些术语,能更好地进行基金投资。下面,我们就介绍一些在基金交易中经常使用的投资术语。

表1-2 基金交易常用术语

术语		解释
持仓术语	建仓	对基金公司来说,建仓就是指一只新基金公开发行后,在认购结束的封闭期间,基金公司用该基金第一次购买股票或者投资债券等(具体的投资要视该基金的类型及定位来确定)的行为。对私人投资者来说(如广大基民),建仓就是指第一次买基金
	持仓	投资者手上持有的基金份额
	加仓	建仓时买入的基金净值涨了,继续增加投入申购
	补仓	原有的基金净值下跌,基金被套一定的数额,这时在低位追补买进该基金以摊平成本的行为
	满仓	将所有的资金都买了基金,就像仓库满了一样。大额资金投入的叫大户,更大的叫庄家;小额资金投入的叫散户,更小的叫小散户

（续表）

术语		解释
持仓术语	半仓	用一半的资金买入基金，账户上还留有一半的现金。如果是用70%的资金叫七成仓，用50%的资金叫五成仓……以此类推。半仓操作是降低风险的一个措施
	空仓	把某只基金全部赎回，得到所有资金，或者把全部基金赎回，手中持有现金
	平仓	买入后卖出，或卖出后买入
	重仓	一只基金买某种股票，投入的资金占总资金的比例最大，这种股票就是这只基金的重仓股。同理，如果买了3只基金，有70%的资金都投资在其中1只上，那么这只基金就是重仓
操作术语	做多	表示看好后市，先以低净值申购某基金，等净值上涨后再卖出来赚取收益
	做空	认为后市看跌，先赎回基金，以避免更大的损失。等净值真的下跌再买入平仓，待净值上涨后赚取差价
	踏空	由于基金净值一直处于上涨中，净值总是在自己的心理价位上，无法按预定的价格申购，一路空仓
	逼空	基金涨势非常强劲，基金净值不断抬升，使做空者（即后市看跌而先期卖出的人）一直没有好的机会介入，亏损不断扩大，最终不得不在高位买入平仓
价格术语	基金的发行价格	基金发行时，基金发行人确定的向基金投资人销售基金单位的价格
	基金的市场价格	基金投资人在证券市场上买卖基金单位的价格

(续表)

	术语	解释
资产及净值术语	基金资产总值	包括基金购买的各类证券价值、银行存款本息以及其他投资所形成的价值总和
	基金资产净值	指基金资产总值减去按照国家有关规定可以在基金资产中扣除的费用后的价值
	基金资产估值	指通过对基金所拥有的全部资产及所有负债按一定的原则和方法进行估算，确定基金资产公允价值的过程
	单位净值	也称基金单位净资产价值，是基金总净资产与基金总份额的比值，计算公式为：单位净值=（总资产-总负债）÷基金总份额
	累计净值	指基金成立以来为每个基金单位创造的总价值。由于在基金分红时会将一部分盈利分配给投资者，这时基金净值会减少，但累计净值并不会因分红而减少。因此，累计净值可以直观、全面地反映基金在运作期间的历史表现。累计净值的计算公式为：累计净值=基金历史上的分红派息总额÷基金总份额
	累计净值增长率	用来表明一段时间内基金净值增加或减少的百分比（包含分红部分）。一般来说，基金存续时间越长，基金累计净值增长率越高，则该基金更有投资价值；反之，则应该规避这样的基金。累计净值增长率的计算公式为：累计净值增长率=（基金份额累计净值-基金单位面值）÷基金单位面值
	复权净值	是对"单位净值+分红"的复利计算
时间术语	基金募集期	基金合同和招募书中载明的，并经中国证监会核准的基金份额募集期限
	开放日	指为投资者办理基金申购、赎回等业务的工作日
	工作日	指上海证券交易所和深圳证券交易所的正常交易日
	T日	指销售机构在规定时间受理申购、赎回或其他基金交易的申请日
	T+n日	指T日后的（不包括T日）第n个工作日

（续表）

术语		解释
其他术语	基金的收益率	基金证券投资的实际收益与投资成本的比率
	个人投资者	是相对机构投资者而言的，指符合法律法规规定的条件可以投资证券或基金的自然人
	基金拆分	又称拆分基金，指在保持基金投资人资产总值不变的前提下，改变基金份额净值和基金总份额的对应关系，重新计算基金资产的一种方式
	套期保值	指改变基金的投资类型，以保证资金不减少。例如，为保证基金不被套，在市场不景气时可以将股票基金转为货币基金避险

第 2 章

做好准备工作,快速入手基金投资

- 体验不同渠道的基金账户开通流程
- 开放式基金的投资操作流程
- 从基金招募说明书入手,深入了解基金概况
- 摒弃错误心理,设定目标,打好投资基础

体验不同渠道的基金账户开通流程

投资者购买基金,要先开通基金账户。市面上的基金购买渠道非常多,投资者可以根据方便程度选择更适合自己的渠道开通基金账户,这样就可以进行基金的买卖了。下面将对一些常用的基金购买渠道及账户开通流程进行详细的阐述。

一些常用的基金购买渠道

市面上的基金购买渠道非常多,例如,日常生活中人们使用频率较高的支付宝、微信、手机银行App等,都可以购买基金。通过对市面上的基金购买渠道进行调查归纳,我们发现投资者使用率较高的主要有以下几类。

1. 以基金公司为代表的基金直销渠道

基金直销渠道就是直接销售基金的渠道,各类基金公司就是基金的直销渠道。每一家基金公司会"生产"出一系列基金,包括股票型基金、债券型基金、混合型基金、货币型基金等。同时,这一系列基金的名称中还会带有该基金公司名称中的关键字,如易方达基金管理有限公司[①]旗下的基金,名称中都会带有"易方达"3个字。

---

① 本书中用来举例说明的各类机构、各基金产品等,仅是为了帮助读者理解本书的相关内容,不存在任何商业目的。

如果投资者想要通过基金直销渠道购买基金，那么可以在基金公司的官网或者该基金公司推出的 App 上注册开户，就可实现基金申购和赎回等操作。通过基金直销渠道购买一家基金公司旗下基金的投资者，被称为基金直销用户。

2. 以银行为代表的基金代销渠道

银行是一个典型的基金代销渠道。基金公司负责"生产"基金，而银行负责代销基金，以此来赚取代销费用，同时也为银行机构自身的客户提供更加多元化的金融服务，以提高自身在银行业中的竞争力。

除了银行之外，证券公司、期货公司、保险公司、证券投资机构等也是基金的代销渠道。之所以把在银行等机构销售基金的行为称为代销基金，是因为这些机构有自己的主营业务，代销基金只是"副业"。

3. 以机构为代表的基金独立销售渠道

在市场中，还有一些专门从事基金销售的机构，这类机构没有其他业务，唯一的业务就是销售基金产品，这样的基金销售渠道被称为独立销售渠道。独立销售渠道也被称为第三方基金销售机构或第三方独立销售平台，如投资者使用较多的天天基金网等。

就以上三类基金购买渠道而言，它们的申购费率还有一定的差异，申购费率由高到低一般是基金代销渠道>基金直销渠道>基金独立销售渠道。

不同基金购买渠道的账户开通流程

1. 基金公司渠道开户

对一些偏好投资某一基金公司基金的投资者来说，他们更愿意选择直接在这家基金公司的网站或 App 上购买基金。下面我们以某基金公司官网为例进行相关开户流程的演示。

（1）进某基金公司官网。我们可以看到在该官网首页的右侧区域有"免费注册"字样，单击"免费注册"按钮，如图2-1所示，就可以进入注册信息填写页面。

图2-1　某基金公司官网首页开户区域展示

（2）填写注册基本信息。如图2-2所示为账户注册基本信息填写页面。带"*"号的为必填项，填写完毕后，单击"下一步"按钮。

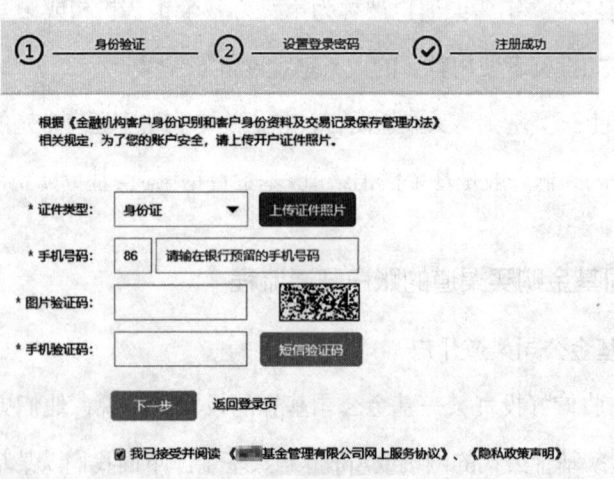

图2-2　账户注册基本信息填写页面

第 2 章 做好准备工作，快速入手基金投资

（3）身份验证。根据投资者在不同渠道开立该基金公司基金账户的情况，系统会给出不同的操作提示，投资者按相应的情况进行操作即可。例如，这里注册的基本信息被系统识别为"代销用户"，如图2-3所示，是因为该基本信息对应的投资者在其他渠道购买过该基金公司的基金。

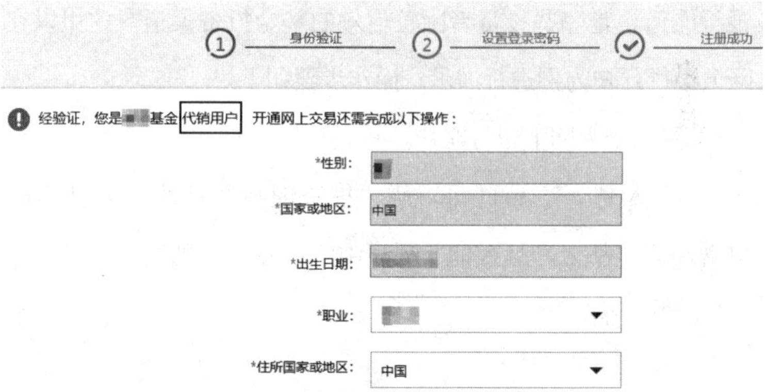

图2-3 身份验证页面

（4）设置登录密码。身份验证通过之后，单击"下一步"按钮，设置登录密码，如图2-4所示，然后单击"开通网上交易"按钮，则可完成开户。

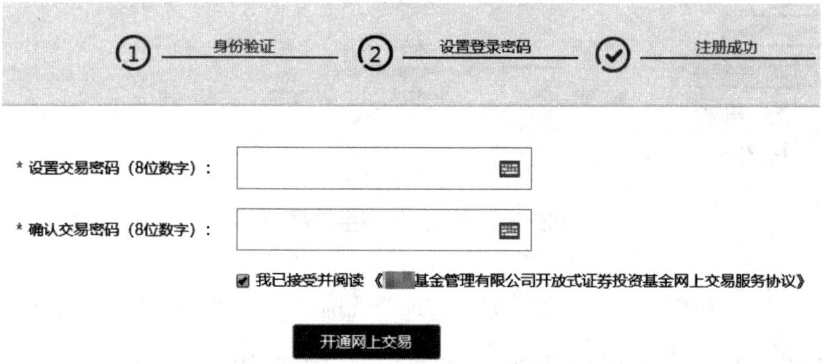

图2-4 设置登录密码页面

注册成功之后，还可以继续进行绑定银行卡操作。值得提醒的是，每位用户的操作可能有所不同，所以投资者只要按页面提示完成相应的操作即可。同时，各基金公司官网也有相应的开户操作指南，投资者可自行查看。

2. 银行代销渠道开户

银行渠道也是一些投资者比较信赖的基金投资渠道。这里以在浦发银行网上银行开户为例进行演示。操作步骤如下。

（1）登录个人网上银行账户。

（2）进入基金产品页面。从"投资理财"板块进入基金产品页面，单击左侧"基金产品查询"列表中的"签约管理"→"基金账户管理"，如图2-5所示。

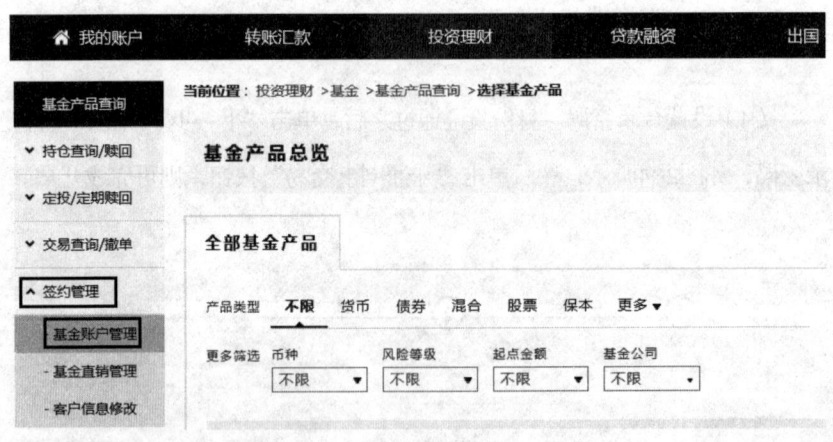

图2-5　网上银行基金产品页面

（3）开户。单击"基金账户管理"选项，进入基金账户开户页面，选择相应的"基金公司TA代码"，根据提示完成开户操作，如图2-6所示。

第 2 章 做好准备工作，快速入手基金投资

图2-6 网上银行基金账户开户页面

3. 第三方基金销售渠道开户

这里，我们以在天天基金网开户为例进行演示。

（1）进入天天基金网。在天天基金网首页，可以看到"免费开户"字样，单击即可进入开户页面。

（2）填写个人开户信息。如图2-7所示，根据提示，完成个人基本信息的填写，单击"下一步"按钮。

图2-7 个人信息填写页面

（3）设置交易密码。如图2-8所示，完成交易密码设置之后，单击"我已阅读并同意以下协议，下一步"按钮。

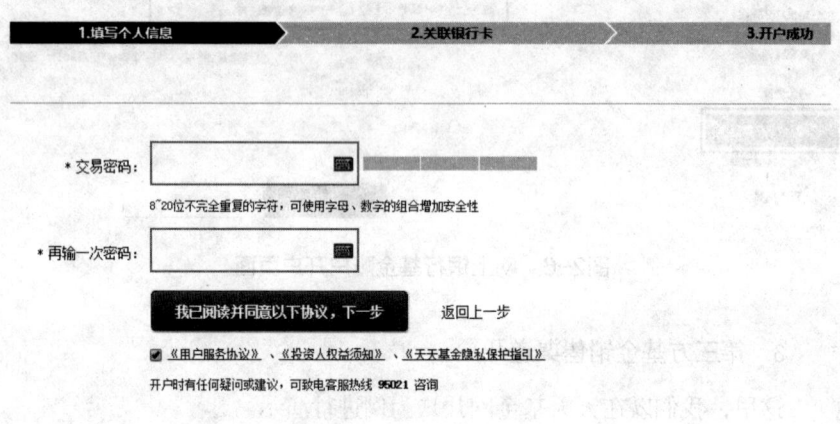

图2-8　设置交易密码页面

（4）关联银行卡。在关联银行卡页面，投资者可以选择自己的开户银行卡，录入银行卡的相关信息，并根据提示进行安全验证，即可完成开户。

天天基金网是上海天天基金销售有限公司旗下的官方网站，是中国证监会批准的首批独立基金销售机构，也是一个专业、全面、权威的财经平台。天天基金网上有丰富的基金数据、投资工具、基金资讯等内容，可以作为投资者查询基金信息和了解基金投资相关知识的学习平台。此外，天天基金网推出的天天基金App，同样也是移动端投资者购买基金产品的一个重要工具。

开放式基金的投资操作流程

投资者开通基金账户之后,接下来可以了解各渠道中的基金购买操作流程。下面以天天基金App为例,对开放式基金的认购、申购及赎回、分红方式修改等操作进行演示。

开放式基金的认购

购买募集期内的开放式基金的行为叫作认购。每一只基金的募集期长短各不相同,少则几天,多则一两个月。而且,如果募集期间提前达到份额数,基金募集期也可提前结束。

投资者可以直接在天天基金App上登录或者注册基金账户,进行开放式基金的认购。

当我们认购新基金时,进入天天基金App首页,找到"新发基金",点击即可进入各类新发基金的认购页面,如图2-9所示。此外,投资者也可通过"基金优选"进入"新发基金"页面,挑选自己满意的基金产品,点击"认购"按钮,然后进入"买基金"页面,确定相应的认购金额,付完款后即可完成基金的认购操作。

图2-9　天天基金App基金认购页面

新发基金在募集期结束之后，一般会于7个交易日左右成立，基金成立后的下一个交易日，投资者即可查看自己认购的基金份额。然后，基金会进入封闭建仓期，一般为3个月。在封闭建仓期，基金经理会对基金资产进行投资，并定期公布基金净值。在此期间，投资者是不可以买入和卖出基金的。

开放式基金的申购

开放式基金封闭期结束之后，投资者就可以进行申购或赎回操作了，我们先来看开放式基金的申购操作。

这里我们以华夏能源革新股票基金（基金代码：003834）为例，进行基金申购操作的演示。

首先，在天天基金App首页的搜索框中输入"华夏能源革新股票基金"或"003834"，然后进入该基金的详情页面。在基金详情页面的左下方，可以看到"购买"和"定投"两个选项，如果投资者要进行基金申购，就可以点击"购买"按钮，然后进入"买基金"页面，输入购买金额，完成付款，即可完成该基金的申购操作，如图2-10所示。

图2-10　基金申购操作

开放式基金的赎回

开放式基金的赎回操作也比较简单，这里我们以某投资者持有的广发中证全指汽车指数C（基金代码：004855）为例进行赎回操作演示。同样地，在天天基金App首页的搜索框中输入"广发中证全指汽车指数C"或"004855"，进入基金详情页面，在基金详情页面下方有"卖出/转换"选项，点击进入"卖基金"页面。在"卖基金"页面，有多个选项，如果投资者只是赎回基金，可以选择"回活期宝"或"回银行卡"。这里我们选择"回银行卡",进入赎回份额确认页面,投资者可根据实际情况赎回相应的份额,然后点击"确认"按钮,即可完成基金的赎回操作,如图2-11所示。

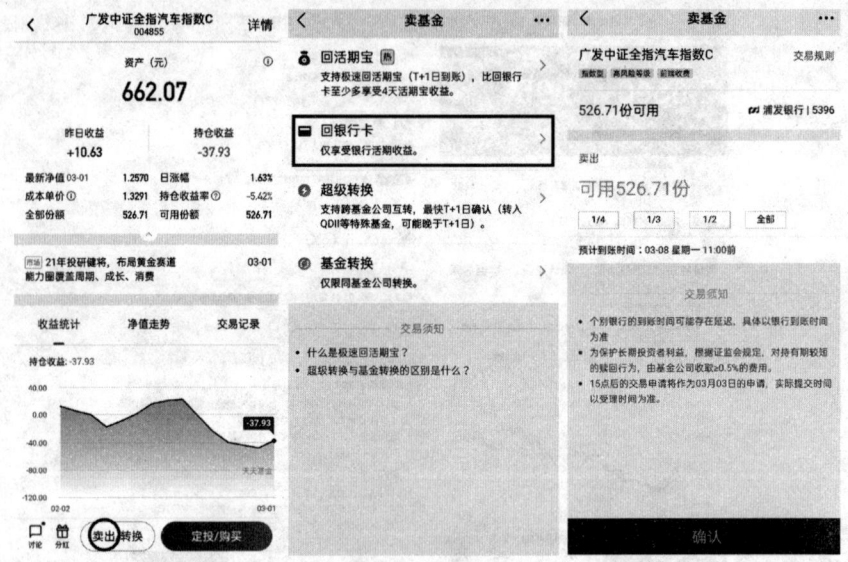

图2-11 基金赎回操作

开放式基金的分红方式修改

只有当投资者持有某只基金时,才可以对其分红方式进行修改。正是因为基金收益包含诸多项目,所以投资者持有基金时,除了能获得基金净值增加带来的收益之外,还可以获得分红收益。就基金的分红方式而言,有现金分红和红利再投资两种:现金分红就是以现金的方式给投资者分红;红利再投资就是以基金份额的方式给投资者分红,这部分红利份额再投资没有申购费用,根据投资者的持有时间收取赎回费用。

下面我们以广发中证全指汽车指数C基金为例来进行分红方式修改

的演示操作。如图2-12所示,在该基金详情页面的底部,可以看到"分红"选项,点击该选项出现"修改分红方式"选项,可以看到当前的分红方式为"现金分红"。点击"修改分红方式"选项进入"修改分红方式"页面,投资者可以根据需要将当前的"现金分红"修改为"红利再投资",然后点击"确认"按钮,即可完成基金的分红方式修改。

图2-12　分红方式修改操作

从基金招募说明书入手，深入了解基金概况

基金招募说明书记载着每只基金的投资目标、投资策略、风险、费率等，这些都是与投资人的投资决策有关的必要事项。在购买基金以及做出投资决策前，阅读基金招募说明书，对投资者了解基金有很大的帮助。

认识基金招募说明书

基金招募说明书是基金发起人根据国家有关法律、法规制定的、对基金状况进行说明的一种法律性文件。投资者非常有必要在投资前阅读基金招募说明书，然后了解与基金投资相关的重点内容。

在基金招募说明书中，一般会有根据《中华人民共和国证券投资基金法》相关规定载明的必要内容，例如基金管理人、托管人的基本情况，基金份额的发售日期、价格、费用、期限、风险警示等。一份完整的基金招募说明书一般由封面、重要提示、正文3部分构成。

（1）封面。在招募说明书的封面上会注明基金名称，如果基金招募说明书有过更新，更新后的招募说明书也会注明"更新"字样和时间，同时还会列示基金管理人和基金托管人的名称。当然，也有一些基金招募说明书不单独设置封面。

（2）重要提示。重要提示一般列示在招募说明书的封面或者目录之后，重点列示一些与基金招募说明书内容相关的真实、准确、完整的说明，以及一些与基金投资方向、投资风险等相关的简单说明。

（3）正文。基金招募说明书的正文从"绪言"（或"前言"）开始，然后逐项细致地介绍与该只基金相关的内容及说明。

投资者要重点关注的基金招募说明书项目

在投资前，投资者想要阅读基金招募说明书时，可以直接在天天基金网下载，也可以在其他财经网站或基金公司网站下载。在下载基金招募说明书时，投资者可能会看到一只基金不同时期的招募说明书文件，这是因为开放式基金正式运作后，一般会每隔6个月对基金管理人与托管人的情况，基金的投资方式与费用，基金的投资目标、收益及风险，基金合同与基金托管协议的内容摘要等进行更新。投资者只要选择最近更新的招募说明书下载即可。

由于每一份基金招募说明书的内容非常多，因此对初涉基金或基金知识不足的投资者来说，阅读起来会比较费时费力。因此，我们将对基金招募说明书中与基金基本情况相关的重要内容进行介绍，这样投资者拿到一份基金招募说明书后，就可以先阅读与基金基本情况相关的内容。

实际上，对于基金招募说明书中一些与投资决策紧密相关的项目，我们还可以直接在基金网站上查看。例如，在天天基金网上，每一只基金的基本概况中会列示出该基金招募说明书中的一些重点项目，这些项目主要有以下几个。

1. 基金业绩比较基准

基金业绩比较基准是指一只基金以什么为标准进行盈利能力的比较。在天天基金网上，通过单击某只基金首页的"基本概况"选项进入该基金的基本信息页面来查看其业绩比较基准。

如图2-13所示是景顺长城成长之星股票型证券投资基金的基本信息页面，可以看到这只基金的业绩比较基准是"沪深300指数×90%+中证全债指数×10%"。例如，某一时期沪深300指数的收益率为45%，中证全债指数的收益率为50%，那么这只基金的业绩比较基准就是：45%×90%+50%×10%=45.5%，即如果这只基金在同期内的收益达到或者超过45.5%时，则表示业绩达标。

基金全称	景顺长城成长之星股票型证券投资基金	基金简称	景顺长城成长之星股票
基金代码	000418（前端）	基金类型	股票型
发行日期	2013年11月13日	成立日期/规模	2013年12月13日 / 5.358亿份
资产规模	4.06亿元（截止至：2020年12月31日）	份额规模	1.0046亿份（截止至：2020年12月31日）
基金管理人	景顺长城基金	基金托管人	工商银行
基金经理人	邓敬东、周寒颖	成立以来分红	每份累计0.00元（0次）
管理费率	1.50%（每年）	托管费率	0.25%（每年）
销售服务费率	—（每年）	最高认购费率	1.20%（前端）
最高申购费率	1.50%（前端） 天天基金优惠费率：0.15%（前端）	最高赎回费率	1.50%（前端）
业绩比较基准	沪深300指数×90%+中证全债指数×10%	跟踪标的	该基金无跟踪标的

基金管理费和托管费直接从基金产品中扣除，具体计算方法及费率结构请参见基金《招募说明书》

图2-13 景顺长城成长之星股票型证券投资基金基本信息页面

每只基金的业绩比较基准一般不同，预示着这些基金的预期收益会有差异。通常情况下，业绩比较基准定得较高的基金，其预期收益会比较高，但也伴随着较高的风险，即投资者在获取高收益的同时会面临高风险；业绩比较基准定得较低的基金，其预期收益会比较低，相对应的风险也会较低，即投资者获取的收益较低且不用承担较高的风险。

通过对基金业绩比较基准的了解，投资者可以结合自身的风险承受能力，选择相应风险水平的基金作为自己的投资对象。

2. 投资目标

不同的基金，其投资目标也不一样。在天天基金网的基金基本概况页面还有与基金投资目标相关的内容。例如，前面提到的景顺长城成长之星股票型证券投资基金的投资目标是"在中国经济转型的大背景下，深度挖掘具备未来增长潜力的产业趋势和受益企业进行投资，在有效控制风险的基础上实现基金资产的长期稳定增值"。再如，一些指数型基金在招募说明书中注明的投资目标是"本基金进行被动式指数化投资，紧密跟踪标的指数，追求跟踪偏离度和跟踪误差的最小化"。

基金的投资目标与其投资范围、投资策略密切相关，通常基于投资目标，会在一定的投资范围内采取相应的投资策略（投资计划），以实现最终的增值目标。

3. 投资费用

在基金的基本概况页面，投资者还可以对基金投资的相关费用进行了解，也可以直接阅读基金招募说明书中关于费用的详尽介绍，明确基金的持有期限与费用的关系，然后挑选出费用更实惠的基金。

4. 收益分配政策

在符合有关基金分红条件的前提下，每只基金都会有相应的基金收益分配政策。

投资者要明白，如果基金进行分红，会对基金净值产生影响。无论是现金分红还是红利再投资，都会使基金的净值下降，但基金净值下降不会对投资者的总资产造成影响。通常，我们建议投资者选择"红利再投资"分红政策，这样就可以利用复利效应获取更多的投资回报。

5. 基金经理

基金经理也是投资者阅读基金招募说明书时需要注意的一项，主要是为了了解基金经理的专业背景、从业经验，以及其在任职期间的基金业绩表现等。在每一只基金的招募说明书中，都会对现任基金经理的履历进行介绍。如果投资者想要了解某基金经理以往管理的基金产品的业绩情况，可以借助天天基金网来实现。具体步骤为：进入"基金数据"页面，选择"基金经理"→"全部基金经理"选项，在当前页面的基金经理搜索框中输入某只基金对应的基金经理姓名，进入基金经理档案页面，这样就可以了解该基金经理管理资产的历史回报等较详细的信息。

基金招募说明书中除了以上几个项目，还有诸多内容。投资者在了解以上项目的基础上，还可以阅读其他内容，以便进一步了解一只基金的投资情况、风险情况以及资产信息等，从而明明白白买基金。

摒弃错误心理，设定目标，打好投资基础

对于很多初入基金市场的投资者来说，由于投资知识和投资经验的不丰富，会给他们的基金投资活动带来一定的影响。因此，我们需要明白，做基金投资，理性不可或缺。此外，投资者做基金投资，还需要有一定的目标，根据投资目标的指导，能帮助投资者坚定地执行自己的投资计划。

投资过程中需要摒弃的错误心理

在基金投资中，投资者要认识到以下错误心理，并能在投资实践的过程中逐渐摒弃，以免这些心理因素给我们的长远投资带来影响。

1. 盲从与投机心理

盲从，是指投资者人云亦云，没有自己的主见，看别人买什么基金，自己不进行了解就开始跟进，以期获得丰厚收益。在投资中，这种很多投资者齐头跟进的投资行为，通常没有较好的投资效果。而且，投资者也不要对一些"投资大V"所推荐的基金抱很高的期望，要明白：任何人都不能对一只基金的投资收益与风险做保证。所以，投资者最好学习一些基金投资的基本知识，然后根据一些标准进行判断，进而选出一些可靠的基金进行投资，切忌随意听从别人的意见盲目跟进。

投机是指投资者以为只要用好"高卖低买"原理，就能抓住市场中的每一次机会。实则不然，在上升趋势中，频繁的"高卖低买"，不只增加了申购、赎回费用，还有可能让所谓的"低买点"比前一次的"高卖点"还要高。既然如此，那为什么不能等到市场上升到更高点时一次性卖出呢？

2. 搏杀与观望心理

搏杀是指一些投资者将全部的资金（甚至不惜借钱或者动用生活开支）押在某一只基金上，希望通过一只基金来实现暴富。实践表明，拥有搏杀心理的投资者通常很难成功，甚至可能血本无归，进而影响正常生活。

观望就是犹豫不决，很多投资者明明用的是正确的投资策略，可是事到临头时依然犹豫不决、拿不定主意，这样就很容易错过行情，进而追悔莫及。

3. 固执与贪婪心理

当投资者有了一定的投资经验，并取得了一定的投资收益之后，往往会形成自己的投资风格，而且因为已有的成功投资经验，投资者会对已经形成的投资风格非常自信，不愿意做出改变。殊不知，市场是时刻都在变化的，某一时期或某一阶段的投资风格，并不能适应所有的市场行情。因此，摒弃固执，随机应变才是制胜关键。

避免贪婪是告诉投资者要适可而止，也就是在投资者的收益达到理想状态时，就可以择时卖出了，不要贪婪地等待上涨，有时大势力进入市场后，市场反转也是瞬息之间的事。所以，要避免贪婪，得到即赚到。

4. 急躁与恐慌心理

基金投资是一种比较适合长期投资的理财方式。获取投资回报不是一蹴而就之事，经历市场的牛市、熊市、震荡市更是难以避免，对此，投资者切忌急躁，不要惧怕熊市和震荡市，要耐心等待，牛市迟早会到来。所以，平稳的投资心态很关键，这样投资者才能在投资这条路上走得更加轻松。

尽管大多数情况下投资者都能认识到投资心态在投资过程中的重要性，但在实践中，投资者依然会受到一些外界因素的影响，不能坚定地保持良好的投资心态。在此，我们希望投资者尽量理性看待投资，通过专业、权威渠道获取信息，能依据自己的投资经验对一些非正规媒体渠道的消息做出判断。

设定投资目标的出发点

投资基金的目的就是获得投资收益，而且投资收益越高越好。然而，在现实中，投资收益并不能随着我们的想象无限上涨。因此，投资者可以根据以下情况来规划基金投资的收益率。

1. 银行存款利率

投资者之所以选择将钱用于基金投资，就是因为银行的存款利率过低。例如，某银行不同期限的定期存款利率是：1年期定期存款利率为1.95%，2年期定期存款利率为2.40%，3年期定期存款利率为2.80%。其实，国内商业银行、股份制银行，甚至一些外资银行，各个期限的定期存款利率都相差无几。所以，我们投资基金的收益率首先要跑赢银行利率。

2. 通货膨胀率

通货膨胀率，是超发货币量与实际需要货币量的比值。通货膨胀率越高，货币贬值越严重，即货币的购买力越低。通货膨胀率的计算公式如下：

$$通货膨胀率=\frac{现期物价水平-基期物价水平}{基期物价水平}\times 100$$

根据通货膨胀率的计算公式，投资者可以直接在国家统计局官网查询相关物价水平指数，然后计算所需要的通货膨胀率。因此，为了让投资资产不贬值，我们的投资收益率在跑赢银行存款利率的基础上，还要超过通货膨胀率。

3. 市场平均收益率

市场平均收益率是基金投资市场的整体收益情况。基金市场中的投资品种有优劣之分，收益也高低悬殊，优质基金产品的收益率可能很高，劣质基金产品的收益率可能是负值。投资者可以在天天基金网等渠道读一些基金研究报告，对基金市场的平均收益率水平进行了解。因此，投资者在确定自身的基金投资期望收益率时，还可以参考市场平均收益率水平。

第 3 章

货币基金：一次性投入的首选

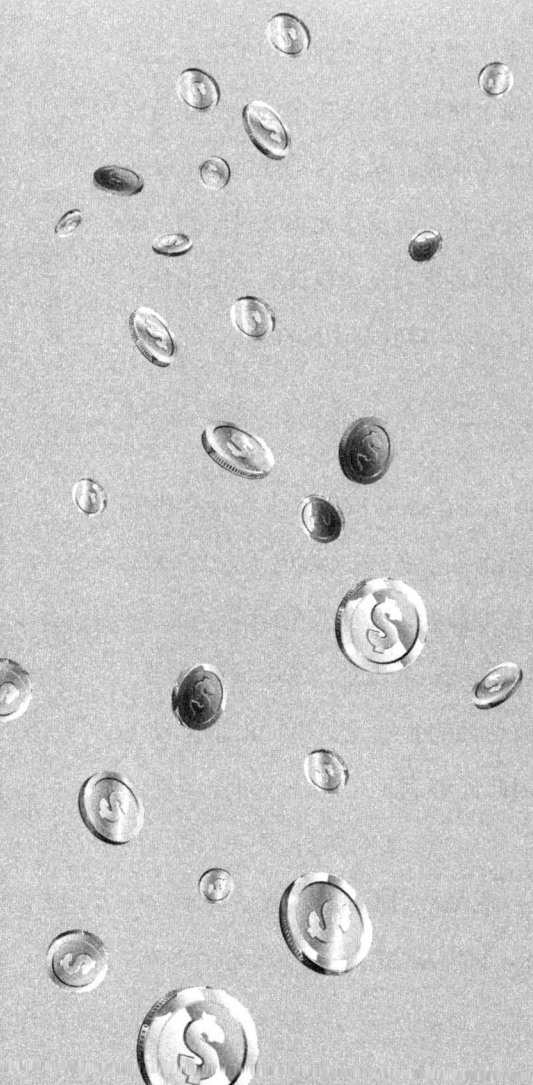

- 认识货币基金的种类及其风险
- 货币基金投资收益的体现
- 使用好货币基金的申购、赎回技巧
- 注意影响货币基金投资的一些因素

认识货币基金的种类及其风险

货币基金是投资于货币市场的基金。诸多基金管理公司都推出了各种类别的货币基金。货币基金投资类似于储蓄,投资本金一般是非常安全的,同时还能获得高于银行存款利率的收益。基金流动性强,可以随时变现,同时,购买货币基金的成本非常低,投资者无须支付申购、赎回费用。可以说,货币基金可以作为投资者学习基金投资的实验工具,新手投资者可以先从货币基金入手,来认识和体验基金投资。

货币基金的种类

货币基金也是基金市场上的一类重要产品。货币基金的主要投资对象为短期金融市场工具,包括:①剩余期限在397天以内(含397天)的国债、金融债、企业债及可转债等短期债券;②期限在1年以内(含1年)的银行存款、中央银行票据、债券回购;③现金;④中国证监会、中国人民银行认可的其他具有良好流动性的金融工具。货币基金投资的这些金融工具的投资期限较短,因此能够满足货币基金对流动性的需求。

市场上的货币基金种类较多,可以满足不同投资者的投资需求。我们从货币基金的名称入手,可以发现,货币基金的名称中带有字母A、

第 3 章 货币基金：一次性投入的首选

B、C、D、E、F、H、I。那么，货币基金名称中的这些字母到底是什么意思呢？实际上，这些字母是用来区分货币基金的投资门槛和销售渠道的。下面我们就来认识一下这些携带不同字母的货币基金。

（1）A类货币基金：申购起点低，通常100元起购，主要面向个人投资者，例如华夏现金宝货币A（基金代码：001077）。

（2）B类货币基金：申购起点高，一般是50万元起购，主要面向机构和大额投资者，例如华夏现金增利货币B（基金代码：001374）。

（3）C类货币基金：可分为两种情况。一种类似于B类货币基金，申购门槛高，例如中融现金增利货币C（基金代码：003679），申购起点为500万元；另一种为新增基金份额，通过基金销售平台或指定平台购买，例如民生加银现金宝货币C（基金代码：003792）。

（4）D类货币基金：可分为两种情况，一种为新增基金份额，申购门槛较高，例如中欧货币D（基金代码：002748）；另一种是通过指定的交易平台进行申购或赎回，例如浦银安盛日日丰货币D（基金代码：003536）。

（5）E类货币基金：可分为两种情况。一种是只在特殊渠道销售（一般指互联网平台销售），例如广发天天利货币E（基金代码：001134）；另一种是用股票交易账户交易的交易型货币基金，例如招商财富宝交易型货币E（基金代码：511850）。

（6）F类货币基金：在指定的电子交易平台销售的基金，例如南方现金增利货币F（基金代码：002829）。

（7）H类货币基金：指场内交易基金，例如嘉实快线货币H（基金代码：511960）。

（8）I类：在特殊渠道销售的基金份额，例如国投瑞银钱多宝货币I

（基金代码：000837）。

以上这些货币基金，归纳起来可分为四类：场外货币基金、申赎型场内货币基金、交易型场内货币基金、交易兼申赎型场内货币基金。这四类货币基金的相关内容见表3-1。

表3-1 货币基金的四种分类

基金类别	释义	计息规则	交易规则
场外货币基金	申购和赎回都在场外进行的货币基金，大部分货币基金属于场外货币基金	T日申购，T+1日享受收益；T日赎回，T+1日不享受当日收益。持有期间，每日计息	T日申购，T+1日确认交易；T日赎回，T+1日确认交易
申赎型场内货币基金	申购和赎回都在场内完成的货币基金，但不能在场内交易基金，代码一般以"519"开头	T日申购，当日享受收益；T日赎回，不享受当日收益	T日申购，T+1日可赎回；T日赎回后，资金T日可用，T+1日可取
交易型场内货币基金	可在场内申购与赎回并进行交易的货币基金，基金代码一般以"511"开头	T日买入即享受收益；T日卖出，当天不享受收益	T日买入，T日可赎可卖；T日卖出，资金即可用，T+1日收取；T日申购，T+2日可卖可赎；T日赎回后，T+2日可用可取
交易兼申赎型场内货币基金	市场上交易效率最高的货币基金，既可在场内实行"T+0"交易模式，又可在场内"T+0"模式申赎。基金代码以"519"开头	T日申购或买入，T+1日享受收益；T日赎回或卖出，享受当日收益，T+1日不享受收益	T日买入即可赎可卖，T日卖出资金即可用，T+1日收取；T日申购，T日即可卖可赎，T日资金即可用，T+1日可取

货币基金的投资风险

货币基金虽然是一种低风险、本金有保证的投资品种，但是这并不意味货币基金就没有风险。低风险也是风险，例如，任何基金都会面临五大投资风险：市场风险、流动性风险、未知价风险、管理运作风险、基金投资品种固有风险。以这五大风险为基础，观察货币基金，可以发现货币基金面临的主要风险有流动性风险、收益风险、人为操作不当风险（违规风险）。

（1）流动性风险：指投资者卖出基金份额而基金管理公司没有资金支付的风险。这种风险出现的情况较少，但当遇到一些特殊情况时也有可能出现。例如，银行间拆借利率突然上涨且高于货币基金年化收益率，此时，一些机构投资者可能会突然大额赎回货币基金，转入银行间拆借市场，这就有可能导致基金公司无法支付赎回者的资金。

（2）收益风险：主要体现在短期债券中。例如债券价格在短期内开始下跌，而基金又持有较大比重的债券，此时，如果风险准备金和固有资金无法弥补损失，货币基金收益就会受到影响。

（3）人为操作不当风险（违规风险）：主要指基金经理擅自更改投资方向，导致基金管理公司受到证监会的严厉处罚，并抛售资产回归到约定的投资方向上，这一系列行为会在短时间内导致基金净值出现亏损。

货币基金投资收益的体现

货币基金是一种风险较低的投资产品,因而更加适合那些风险承受能力弱的投资者,一些初入基金市场的投资者,同样可以通过先投资货币基金来熟悉基金投资的相关操作。在投资货币基金的过程中,投资者会发现,货币基金的净值一直是1元,而且货币基金收益会用"7日年化收益""每万份收益"等词语来表示,下面我们就对基金投资收益的相关内容进行讲解。

关于货币基金的净值及收益发放

我们知道货币基金的净值是1元,而且这个值是固定不变的,这是为什么呢?其实,这要从货币基金的收益说起。对货币基金来说,每天的收益比较小,所以每天涨跌幅的微小变化都会对货币基金的收益产生影响。所以,无论货币基金是涨跌非常小的0.00×%,还是涨跌比较大的0.01×%,都需要表示到货币基金净值变化中,这就导致我们看到的货币基金净值可能是1.0265、1.0168等一些非常不清晰和不直观的数据,甚至为了保证精确度,有时还会增加货币基金净值的小数点后的位数,这种表示方法就显得过于烦琐,容易使投资者迷惑。

因此,为了更加直观地表示货币基金的收益及净值,人们便将货币基金的净值固定为1元，然后将货币基金的收益每天都计提出来，用独立的收益指标来表示，即用7日年化收益率和每万份收益表示。

7日年化收益率和每万份收益下的货币基金投资收益，一般有两种发放形式，如图3-1所示。

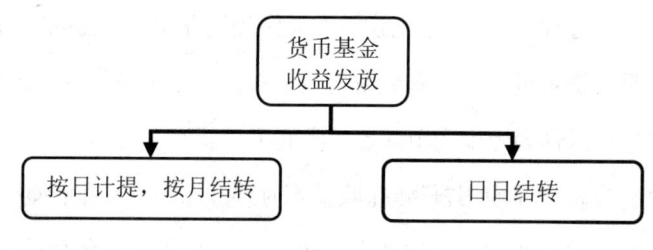

图3-1 货币基金收益的发放

（1）按日计提，按月结转：每天的收益都计提为未支付收益，然后到每个月的某一时点一并以基金份额的形式发放给投资者。如果投资者在每月基金收益结转日之前把份额全部赎回，此时基金公司会在赎回日把已计提未支付的收益一并发放给投资者。

（2）日日结转：基金公司会把每天的收益都结转为份额发放给投资者。

这两种货币基金的收益结转方式看似不一样，实际上它们并没有多大区别，都能将属于投资者的基金收益发放给投资者，不会对投资者持有货币基金的总收益产生影响。

货币基金的7日年化收益率与每万份收益

货币基金的7日年化收益率与每万份收益是衡量货币基金收益的两个重要指标。当投资者投资货币基金时，关注货币基金的历史7日年化收益率和每万份收益是非常必要的。

（1）7日年化收益率：是将货币基金过去7天的总收益年化以后得出的一个数值。例如，某一只货币基金过去7天每天产生0.01%的收益率（万分之一），则这只基金7日的总收益为0.07%，年化收益率为0.07%÷7×365=3.65%。

在投资的过程中，7日年化收益率就像我们存款时所看的银行利率一样直观，是投资者投资货币基金时看得最多的一个短期指标。因此，7日年化收益率可以作为衡量货币基金优劣的工具。

不过，投资者在使用7日年化收益率时要注意一个现象：如果货币基金某一日的收益率非常高，这就会使包含这一数据的7日年化收益率显得非常高，并且收益率异常高于之后的几天，7日年化收益率虽然看起来很高，但实际上如果在异常高收益日之后赎回货币基金，实际进到投资者账户的收益可能一般。因此，单依靠7日年化收益率判断货币基金收益率可能并不准确，还需要借助每万份收益这个数值。

（2）每万份收益：是每一万份货币基金每天产生的收益，表示货币基金持有人每天能够真实获得的收益。每万份货币基金当日收益的计算公式如下：

$$每万份基金单位当日收益 = \frac{当日基金收益}{当日基金份额总数} \times 10\,000$$

实际上，每万份收益和7日年化收益率之间可以换算。例如，一名投资者用10 000元投资货币基金，7日年化收益率为3.8%，则年化收益=10 000×3.8%=380元，每万份收益=（380÷365）×（10 000÷10 000）≈1.041元。如果投资者将这只基金持有了60天，其他条件不变，则60天的实际收益=1.041×60=62.46元。

如图3-2所示是某货币基金的每万份收益与7日年化收益率,从图中可以看出,该货币基金的7日年化收益率走势要比每万份收益走势平缓一些,这其实印证了7日年化收益率是对每万份收益的平缓处理,两者相辅相成,可以综合判断一只货币基金短期的业绩表现。当然,投资者还可以在基金网站或基金公司网站上通过拉长7日年化收益率和每万份收益的对比时间(今年以来、近一年等),来对货币基金的长期业绩进行判断。

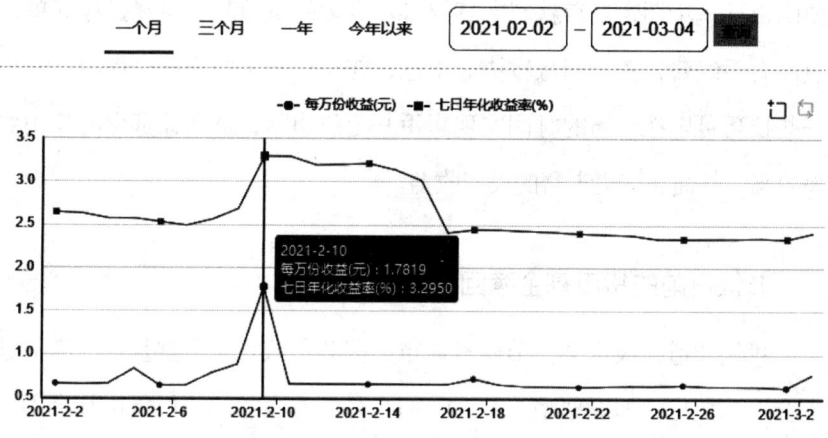

图3-2　某货币基金的每万份收益及7日年化收益率

使用好货币基金的申购、赎回技巧

基于对货币基金收益相关内容的了解,可以发现,货币基金比较适合投资者一次性申购并持有一定的基金份额。这就像是储蓄,不过收益要比银行一年期定期存款利率高很多。具体的货币基金申赎操作简单,也没有手续费,资金到账较快。不过,在货币基金的申赎过程中,利用一些技巧可以在恰当的时间实现货币基金的申赎,从而让资金的使用效率更高,从而获取更丰富的投资收益。

节假日前的货币基金赎回技巧

我们知道,股市会在节假日休市,因此节假日股票型基金的净值就不会发生变化,即股票型基金在节假日是没有收益的。但货币基金不一样,它在节假日同样是计提收益的。所以,投资者在节假日前后申赎货币基金时,要注意一些操作技巧。

我们知道场外基金都是T日15点前申购的基金份额,下一个工作日起就能享受收益;T日15点前赎回的基金份额,下一个工作日起不再享受收益。遇到周五时,在15点前发起的基金申购申请,会在下周一确认,这就不能享受周五、周六、周日3天的收益。

因此,在货币基金申购方面,投资者最好在周四及周四前申购,以充分地享受收益分配。例如，在投资过程中遇到较长的节假日，如国庆节（一般有7天假期）等，如果9月30日是工作日，那么投资者最好在9月29日15点之前申购基金，这样就能在9月30日确认交易，之后就可以享受国庆假期间的收益了。

不过，在货币基金赎回方面，投资者如果在节假日前的最后一个交易日赎回基金，那么投资者仍可以享受整个假期间的收益，因为基金公司要等到假期后的第一个交易日才能确认交易。

所以，投资者在进行货币基金申赎时，要把握好15点这个时点限制，不要错过节假日的收益。

货币基金的到账时间问题

赎回货币基金，一般1~2个工作日资金就能到账，不过大部分基金T+1日就能到账。到账时间也会对投资者的投资行为有一定的影响。如果可以尽早到账，投资者就可以利用到账资金进行再次投资，从而实现资金的最大化利用。

不过，有的货币基金推出了T+0快速赎回业务，例如，微信理财通中一些货币基金，实行的就是T+0到账规则，这样就能实现随取随用的目的。不过，T+0快速赎回货币基金会受到监管政策的限制，例如，监管部门对单只货币基金T+0快速赎回的单日限额是1万元，投资者如果想突破该限制，就必须同时申购多只货币基金。此外，T+0快速赎回货币基金不能享受当日的收益。

注意影响货币基金投资的一些因素

投资货币基金，虽然收益不如股票基金、混合基金涨得快，但因为货币基金投资成本低，而且本金有保证，所以，投资货币基金还是有一定的优势的。在投资货币基金的过程中，为了获取更好的收益，我们除了要挑选收益表现优秀的货币基金投资之外，还要注意影响货币基金收益的一些因素。

挑选货币基金的一些出发点

货币基金之间除了在收益方面有差异之外，在基金规模、成立年限等方面也有差异。因此，在投资货币基金时，我们可以参考以下几点来挑选货币基金。

1. 挑选T+0快速赎回模式的货币基金

尽管市面上T+0快速赎回模式的货币基金种类不是很多，甚至有些该模式的货币基金还需要场内交易，但为了让赎回资金快速到账，投资者可以在基金购买渠道仔细挑选和了解该类货币基金进行投资，从而让资金能够实现快速流动，得到最大化的利用。

2. 挑选便于转换的货币基金

为了获取最大收益，有些投资者还会选择那些便于转换的货币基金进行投资,这样就能及时锁定市场上的高收益。很多基金管理公司为了留住客户,一般会给公司旗下基金之间的相互转换提供优惠费率,甚至很多情况下是免费转换,所以投资者可以投资那些货币基金种类丰富的大型基金管理公司旗下的货币基金,这样就能便捷地在各个收益表现优秀的基金之间实现转换操作。

3. 挑选老货币基金

老货币基金是指那些成立时间较长的货币基金。一般来说,货币基金中的老基金已经运行了一定的时间,各方面都相对稳定,收益也就更有保障,从而更容易获得投资收益。

4. 挑选提供增值服务的货币基金

提供增值服务主要与货币基金背后的基金公司有关。有些基金公司在满足投资者正常的投资需求之外,还能为投资者提供一些增值服务。例如,富国基金管理有限公司推出的富钱包等,就是让投资者在赎回基金后还能在富钱包中继续享受收益,同时还能进行T+0快速提现等。因此,投资者可以根据实际情况考虑投资这样的基金公司旗下的货币基金。

影响货币基金收益的一些因素

与市面上的其他基金相比,货币基金的收益率不算高,正因为如此,我们在投资货币基金时要关注与货币基金投资收益率相关的一些影响因素。

1. 关注货币基金的运作费率

尽管基金的管理费、托管费、销售服务费等运作费用不需要投资者支付,但运作费用是从基金收益中扣除的,那么当货币基金的运作费率较高时,扣除运作费用后剩余的基金收益就会减少,这样最终分配到投资者手中的收益也会变少。再加上理财产品的收益率普遍呈下降趋势，所以运作费率对收益率的影响就更加明显了。

2. 关注货币基金的基金规模

市场因素、税收因素等都会影响到货币基金的收益波动。但是研究发现，当货币基金的规模越大时，各种因素对它的冲击就会越小，收益也会越稳定。因此，那些规模较大的货币基金，其收益波动会更平滑一些，投资者也就能获得更稳定的回报。

3. 关注个人投资者较多的货币基金

货币基金主要面向个人投资者和机构投资者，人们发现，那些限大额申购的货币基金，一般会吸引较多的机构投资者，因为很多情况下只有机构可以一次性拿出500万元，甚至更高的金额来投资这些货币基金。但也有一个问题，就是机构投资者较多的货币基金，收益率反而不稳定，这是因为这些机构投资者赎回资金的频率较高，特别是到了月末、季末。相反，那些个人投资者较多的货币基金需要应对的赎回资金压力较小，资金紧张的情况较少出现，因而基金收益就相对稳定。

4. 关注基金公司的实力

基金公司的实力强弱与基金的安全性有一定的关系。基金公司的整体实力主要体现在这些方面：投资能力，即基金经理对货币基金投资组合的期限、品种的把握与市场适应能力；交易能力，即基金经理在市场上投资性价比更高的债券、将基金资产以更高的价格投出去的能力；信用研究能力，即基金经理对债券风险的识别、审查能力，防止买入违约债券等的能力；流动性管理能力，即基金经理对大额赎回等与资金流动性有关事件的把控和解决能力。

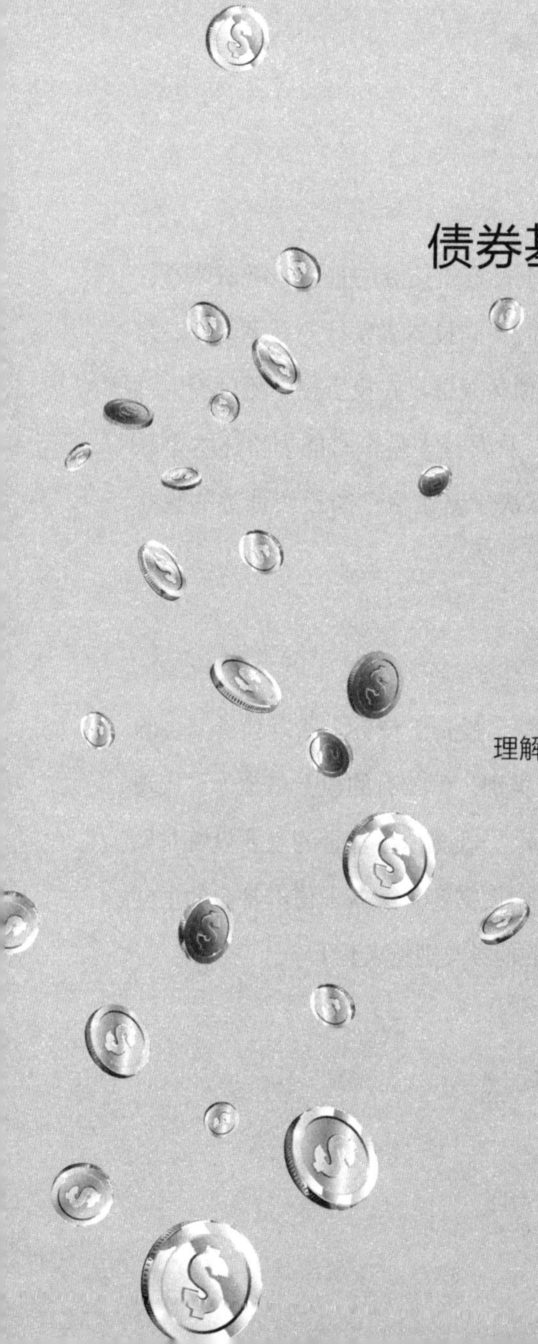

第 4 章

债券基金：利用多元化投资打理中短期资金

认识市场中的债券基金

多种多样的债券基金

理解债券基金的赚钱逻辑，挑选优质基金

操作债券基金的相关注意事项

认识市场中的债券基金

债券基金是基金资产中有80%以上投资于债券的基金。所谓债券，是指各类机构主体面向社会筹措资金时，向投资者发行的、承诺按一定利率支付利息并到期偿还本金的债权债务凭证。在投资债券的过程中，投资者主要关注的是债券的到期日以及发行人是否有能力偿还本金和支付利息。因此，债券基金的收益取决于基金资产所投资债券的收益能力。

了解债券基金

我们知道债券基金有80%以上的资产投资于债券，所以债券基金除了债券之外，还会涉及其他一些资产类别。例如有的债券基金为了实现资产配置，还会投资小部分的股票资产。既然债券基金的主要投资对象是债券，那么在了解债券基金的过程中还需要了解一下债券基金的主要投资标的——债券。不同分类标准下的债券类别见表4-1。

表4-1 债券的分类

分类标准	具体类别	说明
根据发行主体的信用情况分类	利率债	发行人为国家或信用等级与国家相当的机构,如国债、地方政府债、央行票据、政策性银行债等
	信用债	还本付息,由发行人的信用情况决定,如企业债、公司债、短期融资券、中期票据
根据发行人信用和审批机关分类	企业债	非上市公司、企业发行,以国企为主,由发改委审批
	公司债	以上市公司、非上市公司、股份有限公司为主,由证监会审批
	金融债	政策性银行、商业银行、证券公司、其他非银行金融机构发行,由中国人民银行、银保监会审批
	非金融企业债务融资工具	中期票据、短期融资券、非公开定向债务融资工具等,由银行间债券市场交易商协会审批
根据募集模式分类	公募债券	发行人一般有较高声誉,发行时上市公开发行,并允许在二级市场上流通转让
	私募债券	发行手续简单,一般不到债券管理机关注册,不公开上市交易
根据是否有担保分类	无担保债券	没有抵押物或相关保证人
	有担保债券	有一定的抵押物或保证人做担保,当企业没有足够的资金偿还债券时,债权人可以处置抵押物或要求保证人偿还

（续表）

分类标准	具体类别	说明
根据偿还期限分类	长期债券	偿还期限在10年以上（部分国债等）或5年以上（部分企业债、公司债等）
	中期债券	偿还期限在1~10年（部分国债等）或1~5年（部分企业债、公司债等）
	短期债券	偿还期限在1年以内
根据信用评级分类	高等级	在国内，一般指信用评级[①]为AA+、AAA的债券，信用风险小
	中高等级	在国内，一般指信用评级从AA到AAA的债券，也称为投资级别债券
	中低等级	在国内，一般指信用评级从在AA级以下的债券，也称为投机级别债券或高收益债券

债券基金的市场表现

债券市场作为证券市场的重要组成部分，与股市的变化有一定的关系，特别是当股市下挫时，资金更容易流入相对风险较低、回报稳定的债券市场。债券基金的发展规模与债券市场的发展息息相关。有研究显示，我国债券市场的发行规模显著增长，债券行业的融资规模巨大，市场存量规模逐渐增长。例如，中国人民银行统计，2020年债券市场共发行各类债券57.3万亿元，较2019年增长26.5%。

根据国内债券市场的发展规模，以及债券基金本身风险适中、是"天然的避险品种"、投资费用较低，所以，投资债券基金具有一定的

[①] 国内债券信用评级体系从高到低分别是AAA、AA+、AA、AA-、A+。其中：AAA、AA+级为高等级；AA级为中等级；AA-、A+级为低等级。等级越高，债券的违约风险越小，收益率也就越低；反之亦然。

收益优势。就债券基金的收益而言，主要来源于以下3方面。

1. 普通的债券收益

债券基金的重要投资对象是债券，所以债券支付的利息是债券基金的重要收益来源。

在实践中，人们通常用预期年化收益率来衡量一只债券的收益能力。预期年化收益率与债券的发行价格、偿还期限、固定收益率等有关。当一只债券的预期年化收益率越高时，债券基金整体的收益率也会越高。债券的预期年化收益率的计算公式如下：

$$债券的预期年化收益率 = \frac{到期本息和 - 发行价格}{发行价格 \times 偿还期限}$$

2. 可转债收益

可转债是一种到期可以转换成股票的债券，这种债券的价格与正股[①]之间有一定的关联，因此，可转债被投资者当作股票来投资，但同时可转债还属于债券，具有债券的特点。对可转债来说，其价格下跌有限，但上涨没有限制，是资产收益风险配比较好的优质资产。很多债券基金都会配置部分可转债，这能为债券基金带来丰厚的收益。

3. 新股收益

债券基金不能直接参与二级市场上的股票投资，但在政策允许的条件下可以申购一级市场上的新股，并且没有申购限制，而且新股上市之后，一般会有较为可观的上涨。所以，债券基金会用较小比例的资金申购新股，从而获取较高收益。

---

① 正股：权证对应的股票。而权证是指基础证券发行人或其以外的第三人发行的，约定持有人在规定期间内或特定到期日，有权按约定价格向发行人购买或出售标的证券。

认识一只债券基金

投资者投资债券基金时，对一只基金的观察可以先从这只基金的一些基本信息开始，如下图所示是天天基金网上鹏华可转债债券A（基金代码：000297）在某日的一些基本信息，在这只基金的基本信息中，我们可以看到这只基金的净值估算、单位净值、累计净值，同时还能看到这只基金的风险水平、基金规模、基金管理人、基金评级等信息。

鹏华可转债债券A(000297)

净值估算是按照基金历史定期报告公布的持仓和指数走势预测当天净值，预估数值不代表真实净值。

净值估算 2021-03-05 11:30	单位净值（2021-03-04）	累计净值
1.3989 ↓ -0.0081 -0.57%	**1.4070** -2.09%	**1.4640**
近1月：-0.35%	近3月：8.37%	近6月：7.66%
近1年：28.34%	近3年：64.74%	成立来：46.95%
基金类型：债券型｜中高风险	基金规模：12.73亿元（2020-12-31）	基金经理：王石千
成 立 日：2015-02-03	管 理 人：鹏华基金	基金评级：★★★

图4-1 债券基金的一些基本信息

天天基金网上还会展示该只基金的实时净值估算图（可以作为估算当日15点收盘时的基金净值）、单位净值走势与累计净值走势、阶段涨幅（四分位排名图）、累计收益走势等一些基本信息，投资者可以通过这些信息对一只债券基金进行初步的了解。为了更加详细地了解一只债券基金的信息，投资者还可以直接在天天基金网上进入这只基金的基金档案页面，通过查看这只基金的基本资料、净值回报、投资组合、规模份额、基金公告、财务报表、销售信息等来仔细地了解这只债券基金，这样就能认识这只基金的基本概况。同时，投资者还可以通过"基金公告"下载债券基金的招募说明书，作为投资前了解一只基金的关键资料。

多种多样的债券基金

在基金购买渠道,当我们选择债券基金时,可以看到不同名称的债券基金。债券基金可以依据不同的标准划分为多种类型,投资者对这些债券基金品种的认识,一般是先从债券基金名称中的A、B、C字母开始的。下面我们就来认识一下债券基金的品种。

依据基金名称中的字母划分的债券基金

债券基金会根据认购费用、申购费用、销售服务费收取方式的不同,将基金份额分为不同的类别,即A类份额、B类份额、C类份额。

(1)A类份额:指在投资者认购、申购时收取前端认购、申购费用,在赎回时根据持有期限收取赎回费用的基金份额。

(2)B类份额:指在投资者认购、申购时不收取认购、申购费用,在投资者赎回时收取后端认购、申购费用,以及赎回费用的基金份额。

(3)C类份额:指从基金资产中计提销售服务费,不收取认购、申购费用的基金份额(有些债券基金对持有期限少于30日的C类基金份额收取赎回费用)。

投资者可能会发现,有些债券基金只有A类和B类两种份额,而有些债券基金有A类、B类、C类三种份额。对于只有A类、B类两种份额的债券基金，一般A类有申购费用（包括前端和后端收费），B类就没有申购费用。对于那些名称中没有字母的债券基金，表示该基金没有其他类别，一般默认为前端收费，具体情况投资者可以在基金招募说明书等资料中进行查看。

依据所投资风险资产的比例划分的债券基金

我们知道，债券基金可以主要投资于债券，还可以小规模地投资股票、可转债。依据债券基金对这些资产的投资比例，可以将债券基金划分为以下类型。

（1）纯债基金：只投资于债券，不投资于股票，甚至有些还会剔除债券中风险波动较大的可转债和可交换债，即这种基金主要投资于具有良好流动性的金融工具，如债券（国债、金融债等）、资产支持证券、债券回购、同业存单、银行存款、货币市场工具等。

（2）混合债券一级债券基金：在政策允许的条件下，参与新股申购的债券基金，这类债券基金可以说是"纯债+新股"组合，风险及收益类似于纯债基金。

（3）混合债券二级债券基金：基金会将不超过20%的资产投资于股票类权益资产，因此这类基金的风险要比纯债基金高，但收益较好。这类基金的招募说明书中一般会载有这样的文字："本基金不直接从二级市场买入股票，但可以通过投资首次发行股票、增发新股、可转换债券转股票以及权证行权等方式获得股票资产，本基金投资股票等权益类证券的比例不超过基金资产的20%。"

（4）可转债主题基金：是一种非主流的债券基金，大部分都属于混合债券二级债券基金，波动性要比纯债基金高，同时风险要大于二级债券基金。

依据投资运作方式和运作模式划分的债券基金

债券基金的投资运作方式和运作模式也有差异,基于此可以将债券基金做以下分类。

(1)根据投资运作方式不同,债券基金可分为主动债券基金和指数债券基金。主动债券基金是主动管理的基金,目前市场上的大部分债券基金是主动管理的。但也有一部分债券基金是被动的指数投资,主要以利率债为投资对象。

(2)根据运作模式不同,债券基金可分为开放式债券基金和定开型债券基金(会定期开放让投资者申购和赎回,其余时间处于封闭状态,能使基金的规模更稳定)。市场上的大部分债券基金是开放式的,只有小部分属于定开型的。

依据债券期限划分的债券基金

市场上各类主体发行的债券,年限各有不同。一般情况下,债券的期限越长,收益和波动也就越大;债券的期限越短,收益和波动也就越小。据此可以将债券基金划分为以下类型。

(1)长期债券基金:根据基金合同约定,以期限在10年以上(国债等)或5年以上(企业债、公司债)的债券为投资标的的债券基金。

(2)中长期债券基金:以期限在1~10年(国债等)或1~5年(企业债、公司债)的债券为投资标的的债券基金。

(3)中短期债券基金:在基金合同中约定将80%以上的资产投资于期限在3年以内的债券(主要为短期融资券、中期票据)的债券基金。

理解债券基金的赚钱逻辑，挑选优质基金

天天基金网2021年3月初的数据显示，市场上的债券基金数目达3 700多只。同时，每年市场上都会有几百只新发债券基金诞生，例如，2020年就有477只新债券基金产品诞生，共募集资金达1.1万亿元。可见，每年都会有很多新债券基金成立。那么，这些债券基金都有着怎样的赚钱逻辑？投资者又该如何选择优质债券基金来投资呢？

债券基金赚钱的逻辑

我们知道，债券基金主要是从投资标的债券中获取利息来实现收益的。实际上，债券还可以通过其他方式获得收益。

1. 价格波动收益

债券的价格不是一成不变的，它会随着市场的波动而改变。关于债券的价格，我们可以用以下公式表示：

$$债券价格 = \frac{未来的本息收入}{市场利率}$$

基于对债券价格公式的认识，可以发现，当债券未来的本息收入因债券发行人信用恶化等因素的影响而下降时，债券价格会下跌；同时，

当市场利率上升时，投资债券的成本会增加，这同样会使债券价格的下跌；反之，则债券的价格上涨。

我们也知道，投资实际上是一种基于时间的价值投资。所以，债券基金投资标的的期限长短，对债券基金的收益有着重要的影响：那些期限较长的债券，到期的本息和会高一些；那些期限较短的债券，到期的本息和则会低一些。因此，人们甚至认为那些短期债券基金和超短期债券基金，由于投资的主要标的是一年左右的短期债券，其受利率的影响较小，净值稳定，可以作为货币基金的替代品进行投资。

这里，我们不得不提中短期债券基金，它被称为增强版货币基金。这是因为中短期债券基金配置的主要资产是久期[①]较短（剩余期限不超过3年）、流动性良好的债券品种。因此，中短期债券基金作为纯债基金，波动较小、流动性良好，是一种低风险产品，能很好地应对市场中的赎回变现。

2. 杠杆收益

杠杆收益是债券基金放大投资收益的一种手段，也是债券基金区别于其他基金的一项特有收益。债券基金的杠杆收益是指基金管理人通过回购业务[②]将持有的债券进行质押来融得资金，并将这部分资金再次投入债券市场中，从而实现杠杆收益。债券基金通过使用杠杆（相当于借钱

---

① 久期：债券或债券组合的平均还款年限，即每次支付现金所有时间的加权平均值，权重为每次支付的现金现值占现金流现值综合的比率。久期越短，债券对利率的敏感性越低，风险也就越低；反之，债券对利率的敏感性越高，风险也就越高。

② 回购业务：也称债券回购交易，是一种以债券做抵押的资金借贷行为。在交易中，买卖双方按照一个彼此认可的利率（年利率）和拆借期限，达成资金拆借协议，即以券融资方（资金需求方）以相应债券做足额抵押，获得一段时间内的资金使用权；以资融券方（资金供应方）则在此时间内暂时放弃资金使用权，获得相应期限的债券抵押权，并于回购到期日收回本金及相应利息。

放大投资），能增加债券基金的资产总值，如表4-2所示是某债券基金报告期末按债券品种分类的债券投资组合，可以看出该债券基金的资产总值大于资产净值，这就是使用了杠杆的缘故。

表4-2 某债券基金报告期末按债券品种分类的债券投资组合

序号	债券品种	公允价值/元	占基金资产净值比例/%
1	国家债券	9,975,000.00	1.5
2	央行票据	—	—
3	金融债券	30,549,000.00	4.59
	其中：政策性金融债	30,549,000.00	4.59
4	企业债券	14,464,100.00	2.17
5	企业短期融资券	5,038,000.00	0.76
6	中期票据	116,715,000.00	17.54
7	可转债（可交换债）	565,605,556.95	85.02
8	同业存单	—	—
9	其他	—	—
10	合计	742,346,656.95	111.59

《公开募集证券投资基金运作管理办法》提到，基金管理人运用基金财产进行证券投资，不得出现"基金总资产超过基金净资产的140%"的现象，即开放式债券基金的杠杆比例不得超过140%，不过封闭式债券基金与定期开放式债券基金的杠杆比例最高可达200%。此外，债券基金通过回购业务加杠杆并不一定能放大投资收益；当资金比较宽松时，加杠杆能在一定程度上放大投资收益，如果资金紧张，债券的利息收入比

融得的资金成本还低,亏损情况也时有发生。

挑选优质债券基金的一些出发点

面对市面上种类繁多的债券基金,投资者在挑选时肯定会有一些困扰,以下基本出发点可以帮助投资者挑选到更有投资价值的债券基金产品。

(1)自身的风险承受水平。债券基金属于中风险水平的投资产品,投资者在投资这类基金产品时,一定要对自身的风险承受能力进行评估,选择与自身风险承受能力相匹配的基金产品进行投资。

关于债券基金,其风险收益水平由小到大为:纯债基金<一级债基<二级债基<可转债基金。如果投资者是风险厌恶者,希望获得稳定的收益,那么可以选择纯债基金或一级债基;如果投资者是风险中立者或风险偏好者,并有闲置的资金可用于投资,那么可以选择二级债基或可转债基金。

(2)基金经理的能力水平。在投资主动型基金(基金经理主动选择投资策略,来取得超越市场业绩水平的一种基金)的过程中,都会关注到基金经理的能力,越优秀的基金经理管理的基金,投资者越追加投资。人们对优秀债券基金经理的能力要求表现在两方面:宏观经济分析能力,即基金经理基于对国际经济、周期变化、通货膨胀的认识,能否对市场利率的变化有一定的把握;企业信用分析能力,即基金经理能否对债券背后公司的经营能力、财务状况、风险管控等有深入的分析和了解。

实际上,基金经理能力的强弱,也在一定程度上代表着基金公司的实力,一般实力雄厚的基金公司,更容易吸引到优秀的基金经理。

第4章 债券基金：利用多元化投资打理中短期资金

（3）机构投资者的认可程度。很多机构投资者比较青睐债券基金，如银行、保险机构、券商等，这些机构投资者往往具有很好的投资研究分析能力，它们更能挑选出优质的债券基金。所以，如果有些债券基金更多地被机构投资者投资，那么普通的散户投资者也可以挑选这样的债券基金进行投资。

（4）费率水平。债券基金的费率水平相对来说较低，不过，收益水平也较低，通常在10%以内。所以，与较低收益水平相比，债券基金的投资费率就显得比较突出了。因此，投资者在选择债券基金时，除了要关注收益之外的其他要素，还要挑选那些费率更低的债券基金进行投资。

（5）投资期限。债券基金同样是一种适合长期投资的产品，投资者长期持有更容易获利。一般的开放式债券基金投资者可以随时进行申赎，但有些定开式债券基金只能在开放期赎回，所以针对这样的基金，投资者要根据自己的资金需求计划做好投资安排。

操作债券基金的相关注意事项

投资债券基金,能让投资者实现间接投资债券的目的。尽管债券基金的风险水平中等,但在具体的投资过程中,债券基金的收益表现受诸多因素的影响,所以投资者依然要慎重对待债券基金投资,并了解清楚债券基金投资操作中需要注意的一些事项。

投资债券基金的两大风险

债券基金的投资标的主要是债券,所以债券的价格变动对债券基金的投资收益有重大影响。而对债券来说,影响其价格波动的因素主要是市场利率。因此,投资债券基金,要求基金经理要有很高的市场利率把握能力。此外,债券还面临着信用风险,即发行债券的机构、公司、企业等是否容易出现违约情况,以致不能及时地向投资者还本付息。利率和信用风险通过影响债券收益来间接影响债券基金的投资收益,因此投资者要对这两大风险加以关注。

1. 利率风险

利率变动对债券基金的影响主要体现在净值变动上。债券是固定收益的证券,票面利率固定,例如市场利率上调,但债券的票面利率不会变化,因此债券对投资者的吸引力就会下降,进而使得债券的收益率下降,最终导致债券基金的投资收益下降,体现为基金净值的下调。

对债券基金来说,投资债券的久期越长,基金净值变动对利率变动越敏感。基于对债券久期的认识,在确定利率近期有上升的可能时,投资者可以选择持有那些债券综合久期较短的基金;在确定利率近期有下降的可能时,投资者可以选择持有那些债券综合久期较长的基金。

2. 信用风险

债券基金的信用风险实质上是债券基金所投资债券的信用风险。债券会进行信用等级的划分,当投资者能了解到基金所投资债券的信用风险时,也就能认识到债券基金的信用风险。

投资债券基金与单一债券的区别

由于很多债券不直接向普通投资者开放,所以投资者只能通过投资债券基金来实现对债券的投资。那么,在实践操作中,人们肯定会对投资债券基金和投资单一债券的区别比较感兴趣,这里我们就来对这些区别进行简单的梳理。

1. 收益稳定性方面

投资实践表明,投资债券基金的收益不如债券的利息稳定。债券会基于固定的利率定期向投资者支付固定的利息,投资者的收益相对稳定,到期还能收回本金;投资债券基金时,尽管投资者能收到定期的收益,但收益不稳定,并且收益水平会根据市场变化有比较明显的升降起伏。

同时,债券基金的收益率要比单一债券的收益率更难预测。对单一债券来说,收益率可以根据购买价格、利息现金流和到期收回的本金进行计算。对债券基金来说,它投资的是一系列债券产品,收益率预测就比较难。

2. 投资期限长短方面

债券有固定的投资期限,即债券有一个确定的到期日;而债券基金没有确定的投资期限,只要这只基金不清盘①,投资者就可以进行长期投资。

3. 投资风险方面

对单一债券来说,随着投资时间的增长,到期日会越来越近,所承担的利率风险会逐渐下降,并且其信用风险比较集中;对债券基金来说,其没有投资期限,任何时期都要承担各债券平均到期日对应的利率风险,只不过是分散投资,所以对应的信用风险较低。

---

① 清盘:在开放式基金合同生效后的存续期内,若连续60日出现基金资产净值低于5 000万元,或者连续60日基金份额持有人数量低于200人,则基金管理人在经中国证监会批准后,有权宣布该基金终止,即清盘。

第 5 章

股票基金：依据股市行情获取股市收益

- 了解股票基金，学会挑选可投资股票基金
- 正确认识股票基金的市场表现
- 止盈、止损、逆市布局：提升投资股票基金获胜概率
- 投资股票基金的一些经典策略

了解股票基金，学会挑选可投资股票基金

股票基金是基金资产80%以上投资于股票的基金。股票基金是一种收益与风险相匹配的基金产品，属于高风险基金产品，但也对应着高收益。一些优质的股票基金，在市场中通常具有很好的投资收益，受到诸多投资者的青睐。

股票基金的基础知识

股票基金是基金市场中非常重要的一类投资产品。在投资股票基金前，我们要先对股票基金进行详细了解。

1. 股票基金的一些简单分类

在基金市场上，根据不同的标准，可以对股票基金做进一步的分类，见表5-1。

表5-1 股票基金的分类

分类标准	具体类别	说明
按股票种类	优先股基金	是一种收益稳定、风险较小的股票基金，投资对象主要是各公司发行的优先股，收益源于股利
	普通股基金	是以追求资本利得和长期资本增值为投资目标的股票基金，风险较优先股基金高

（续表）

分类标准	具体类别	说明
按基金投资分散化程度	一般普通股基金	指基金资产分散投资在各类普通股票上
	专门化基金	指基金资产投资在某些特殊行业股票上，风险较大，但获得潜在收益的可能性较强
按投资策略	价值型基金	风险较小，收益也较低，基金资产多投资于公用事业、金融、工业原料等较稳定的行业
	成长型基金	风险很高，但具有赚取高收益的成长空间，基金资产多投资于具有成长潜力的成长期公司
	平衡型基金	处于价值型和平衡型基金之间，基金资产主要投资于股价被低估的股票，也投资于成长型上市公司股票
按收费标准	A份额	前端收费（申购时收取申购费）的基金产品
	C份额	后端收费（赎回时收取赎回费）的基金产品

2. 股票基金的特点

投资股票基金，能在一定程度上让投资者避开股市的一些风险，实现间接的股票投资。投资者选择股票基金进行投资，与股票基金的以下特点也有一定的关系。

（1）投资对象与投资目的具有多样性。

（2）投资风险较高，同时也对应可观的投资收益。

（3）流动性强、变现容易。

挑选股票基金的3个出发点

挑选到好基金是股票基金投资成功的一半。通常情况下，我们更加倾向于选择那些实力出众的基金公司的股票基金。此外，挑选股票基金还有以下3个出发点。

1. 看股票基金的投资取向

股票基金的不同投资取向代表了基金未来的风险水平和收益变动，投资者可以先从基金网站等渠道中的基金基本信息入手，对一只基金的投资取向做大致的判断。例如，如图5-1所示是工银战略转型股票A基金（基金代码：000991）的基本信息展示。可以看到这只股票基金的类型是"股票型|高风险"；成立时间较长，有一定的运作历史，属于一只老基金；基金管理人为工银瑞信基金管理公司，该基金公司是国内排名靠前的一家大型基金公司，基金公司的实力强；等等。对基金进行完简单的判断后，投资者要看此基金是否与自己的风险偏好等相匹配，再确定是否要深入了解这只基金。

工银战略转型股票A(000991)

净值估算是按照基金历史定期报告公布的持仓和指数走势预测当天净值，预估数值不代表真实净值。

净值估算2021-03-09 15:00	单位净值（2021-03-08）	累计净值
3.2574 ↓ -0.0356 -1.08%	3.2930 -1.41%	3.2930

| 近1月: 1.26% | 近3月: 8.72% | 近6月: 26.61% |
| 近1年: 83.56% | 近3年: 161.35% | 成立来: 229.30% |

| 基金类型: 股票型|高风险 | 基金规模: 57.95亿元（2020-12-31） | 基金经理: 杜洋 |
| 成 立 日: 2015-02-16 | 管 理 人: 工银瑞信基金 | 基金评级: ★★★★★ |

图5-1　股票基金的基本信息展示

2. 看基金经理的能力水平

投资者选择股票基金时，同样要对基金经理加以关注。尽管一只基金会经常更换基金经理,但每一位基金经理的管理能力是相对确定的。通常情况下,那些从业年限较长(3~5年)的基金经理,特别是经历过证券市场牛熊市变化的基金经理,拥有更丰富的基金管理经验。投资者对一只基金的现任基金经理有了深入了解后,就能发现其投资风格(偏好成长股、价值股等)、操作手法(投资是集中还是分散)、行业仓位变动(是精选个股还是择时)等。如果基金经理的投资风格比较稳定,则说明这位基金经理的投资理念相对成熟,对股票基金实现投资收益具有一定的作用。

3. 看股票基金过往的业绩表现

虽然股票基金过往的业绩表现反映的是基金以往时间段的业绩水平,并不能代表基金未来的业绩表现,但是基金过往的业绩表现能在一定程度上反映基金的运作成熟度。比如基金评级,就是对一只基金过往的风险、收益等方面的综合评价。此外,一些指标,同样能对一只基金的过往业绩做出判断。例如,通过天天基金网进入工银战略转型股票A基金(基金代码:000991)的基金档案页面,在"基本资料"栏下找到"特色数据",可以看到与基金业绩有关的两个指标,即标准差和夏普比率,如图5-2所示。

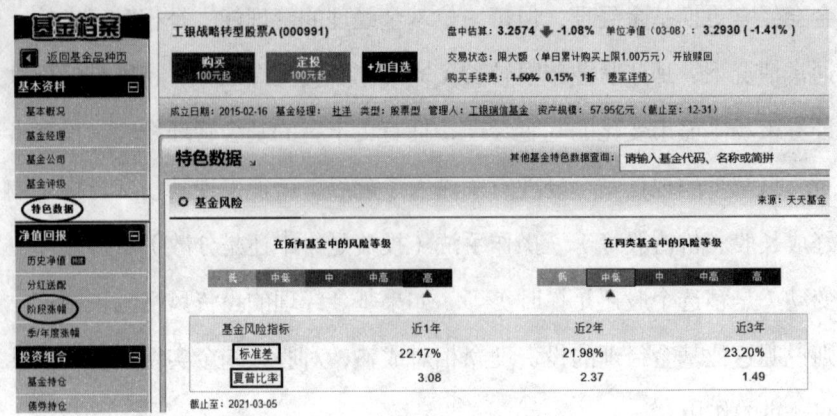

图5-2 与基金业绩有关的两个指标

（1）标准差：反映基金收益率的波动程度。标准差越小，基金的历史阶段收益越稳定。

（2）夏普比率：反映基金承担单位风险所能获得的超过无风险收益的超额收益。夏普比率越大，基金的历史阶段绩效表现越佳。

天天基金网基金档案中的"净值回报"项目下的相关数据，同样可以作为投资者了解基金过往业绩的依据。例如，在"阶段涨幅"项目下，投资者就可以看到一只基金的累计收益走势、同类排名走势图、百分比排名走势图、阶段涨幅明细（此处会展示四分位排名图），这些都是对基金过往业绩的展示和总结，在投资各类基金的过程中，这些数据都可以作为投资者深入了解基金的依据。

第 5 章 股票基金：依据股市行情获取股市收益

正确认识股票基金的市场表现

股票基金是将主要资产投资于股市的基金，所以股票基金的市场表现往往与股市有着紧密的联系，股市发生涨跌波动，股票基金往往会出现类似的反应。因此，了解股票基金在市场中的表现，能够让投资者提早适应股票基金的市场波动。

认识股市走势

股票基金的市场表现与股市息息相关，因此，投资股票基金时，我们最希望股市一直是上涨的，这样股票基金就会有持续增长的收益。但实际上，股市并不会一直保持上涨，经常会出现大幅的下跌，往往表现为较短的牛市、较长的熊市和震荡市。

关于股市走势，人们也是想了很多办法对其进行预测，如利用K线图和技术指标预测股市的波动。但实际上，股市走势受很多因素的影响，如一些机构发布的关键信息，与宏观经济相关的利率、汇率波动，产业政策、税收政策变更，以及行业竞争格局的重置、消费者偏好的变化、投资者情绪的波动等，都能影响到股市行情变动。所以，影响股市的因素太多，任何人都不能完全准确地对市场做出预测。例如，很多投资大师都与预测市场之间保持着一定的距离，彼得·林奇曾说"我根本无法预测股市何时会发生暴跌"，巴菲特也说"我从来没有见过一个能够预测市场走势的人"。

所以，股市的走势不是人们能够轻易把握的，因而股票基金的走势也不能被人们很好地把握。但投资者要明白，股市涨跌是自然规律，是正常表现，只有不断地涨跌，才能发挥出其应有的机制，进而筛选出更具有实力的个股。此外，面对股市下跌，特别是股市大跌，投资者也不要畏惧和胆战心惊。投资者可能会发现，在下跌行情中，股票还是原来的股票，只不过是价格变得更低了，那是不是应该趁着低价大量加仓呢？这如果放在其他情形下，我们可能会主张在低价时大量地买入，但在股市中，在我们对一只股票的优劣没有把握的前提下是不建议这样做的。为什么呢？还是因为股市太难预测了，低价跟进加仓的这种杀跌行为，很多情形下是缺乏理性的。

投资者不要对股市下跌表现得过于敏感，这是证券市场的自然规律，特别是当股市在某一时期持续下跌时，投资者更要理性对待，不要轻信各种非正规媒体渠道的预测、报道等，也不要盲目做出投资行动，以免让损失超出自己的承受范围。

股票基金如何应对股市大跌

股市发生大跌，一般有两个原因。例如，2008年、2015年的股市大跌，都是前期快速上涨的牛市助长了资产泡沫的诞生，随后泡沫破裂，股市进入持续的下跌，这种下跌的原因是估值过高。再如，2018年的股市大跌，当时的估值并不高，但由于人们的预期相当悲观，过于担忧经济下滑，致使股市出现下跌。

无论是出于哪种原因的股市下跌，投资者都要保持谨慎，不要对市场的短期调整过于担忧。下跌行情在一定程度上也是一个机会，投资者会发现，那些优质公司的股票总能在每一次下跌之后重新涨回来。可见，股市下跌也有一种大浪淘沙的作用，能为投资者亮起一盏明灯。如图5-3所示，是反映A股市场整体走势的沪深300指数的历史PE（市盈率）①点位的走势变化图，从2008年到2020年底，市盈率与点位走势经历了相当起伏的变化，都是股市的自然发展规律，有涨必有跌。

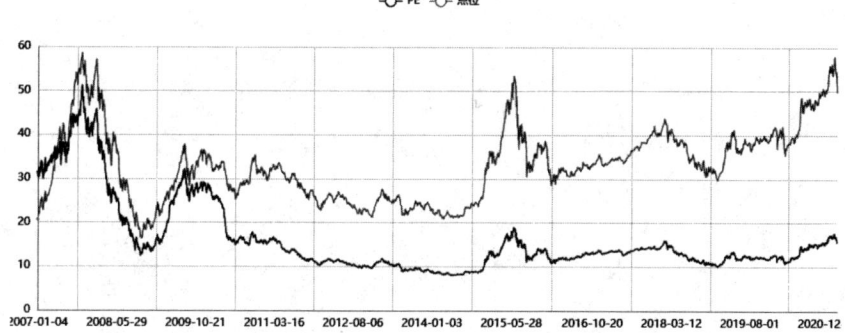

图5-3　沪深300指数的历史PE与点位的走势变化

再回到股票基金上，既然股市如此波动，那我们持有股票基金时，就要有耐心，避免频繁交易。太过频繁地买进卖出，可能会导致投资策略达不到应有的效果，反而会让交易成本持续上升；同时，频繁交易会导致基金仓位时常变动，这对投资者保持心态平静也有一定的影响。避免频繁交易的另外一个原因就是投资者能长期持有一只基金，我们一直在强调基金是适合长期投资的工具，较长期限地持有基金，赚钱的胜算

---

① 市盈率：指股票每股市价与每股盈利的比率，是一个重要财务指标，主要用在估值方面，以衡量股票的投资价值。

会更大。当然，长期持有基金，并不是说长期持有一只基金，而是能使用一些策略，如组合投资、定投等，以便更好地应对市场变动，在合适的时机卖出，赚取投资收益。

止盈、止损、逆市布局：提升投资股票基金获胜概率

投资股票基金，我们除了要理解股票基金的投资逻辑外，还需要掌握一些具体的方法，以便在投资操作中及时锁定收益，防止亏损，把能赚到的钱先赚到。下面我们就来讲下股票基金的止盈、止损、逆市布局操作技巧，从而提升股票基金投资的获胜概率。需要明确的是，这些投资技巧同样能用在其他基金的投资过程中，投资者可以融会贯通，加以使用。

利用目标收益率止盈法，稳抓股票基金卖出时机

止盈其实是一种见好就收、得到即赚到、落袋为安的操作方法，在投资领域，最常用的止盈方法是目标收益率止盈法。

目标收益率止盈法的使用范围很广泛，其使用原理是，先设定目标收益率，然后在基金的收益达到目标收益率后赎回基金，结束交易，锁定盈利。如图5-4所示是目标收益率止盈方法的演示。

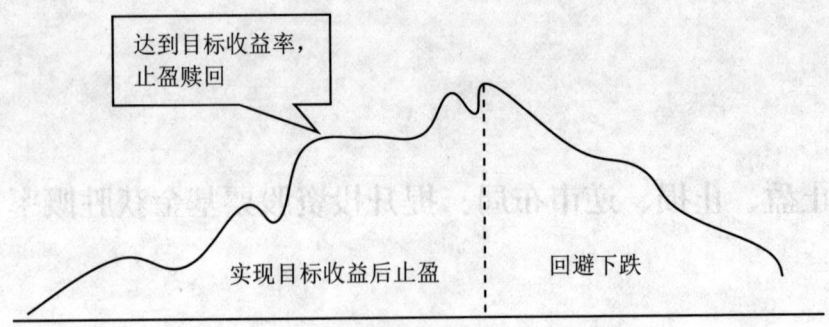

图5-4 目标收益率止盈法的演示

在使用目标收益率止盈法时,最关键的是目标收益率的确定,以下公式可以作为投资者设定目标收益率的依据。

目标收益率=预期投资年限×(基金年化收益率+年通货膨胀率)

使用目标收益率止盈法时,投资者不可太频繁地进行止盈操作,也不可以将止盈收益率设置得太低。当面对震荡的市场行情时,投资者还可以设置多个目标收益率(多个止盈点,如20%、30%、40%),每当实现一个目标收益率时,就赎回一部分基金(根据止盈点的个数,越先达到的止盈点,赎回的份额越多)。设置多个目标收益率分阶段赎回基金的操作,能让投资者避免错过上涨的牛市。

慎重止损,巧妙应对基金下跌

当基金出现下跌时,也需要根据相应的情况做出一些止损准备。为了避免发生不必要的止损,在下跌行情中,投资者可以从以下两个层面来确定是否需要采取止损策略。

1. 反思投资者自身可承受的损失大小

反思投资者自身可承受的损失大小，可以从回答下面3个问题开始。

问题一：当前是面临资金需求，还是因为基金在下跌时就想卖出止损？如果卖出的话，这部分资金能否满足当前的需求？

问题二：基金下跌，有没有对自己的投资心态产生影响？

问题三：是否不再对基金投资抱有期望，而且也不再打算投资基金？

如果对这3个问题的回答都是肯定的，那么投资者可以考虑卖出止损。如果对这3个问题的回答是否定的，那么投资者可以继续看基金亏损是否与下面第二个层面描述的情况有关。

2. 检查基金本身面临的环境

情况一：基金的基本面①、投资方向出现问题。

情况二：由于大盘整体下跌或板块轮动，基金整体估值不高。

如果基金亏损是因为情况一，那么投资者可以考虑卖出止损；如果基金亏损是因为情况二，那么投资者可以放弃止损，因为大盘整体下跌或者板块轮动都是正常现象，投资者不必过分担心，也不要轻易转换基金，而要耐心等待市场回暖。

摒弃预测，低位买入，实现逆势布局

逆势布局是指在市场点位不高、投资比较清淡的时点入场，然后静待市场上涨，以提升投资获胜概率。投资者要想做好逆势布局，有一个根本的出发点，就是不预测市场，只是在市场的相对低位买入。预测市

---

① 基金的基本面：基金公司的投资研究能力、管理能力，以及基金经理的操作能力、分析能力等。

场本身就是一件难事，所以我们没必要花时间做无意义的事，也不用担心市场低位会持续多久，只要你能在市场低位买到就可以了。此外，为了进一步提升逆势布局中的获胜概率和收益水平，投资者还要注意以下两点。

（1）做好自身的资金管理。根据股市的变化规律，要想通过投资股票基金获取高收益，投资者要保证手中有1~3年内不用的闲置资金。只有将投资时限拉长，我们才能发现市场的一些变化规律。所以，在股票基金的逆势布局方面，投资者要注意管理好手中的资金，以适应长期投资的需求。

（2）保证持有优秀的基金产品。选择长期表现优异的基金产品做逆势布局才是明智之举。当基金产品本身足够优秀时，无论是经历震荡市，还是熊市，投资者的心理通常都不会受到多少影响，可以安心地长期持有，以期获取市场上涨时的收益。

投资股票基金的一些经典策略

投资者投资股票基金，相当于间接持有一家公司的股票。要增加股票基金持有者的投资收益，基金经理的作用至关重要，下面我们就来介绍一些基金经理常使用的股票投资策略，这对于认识股票基金的获利逻辑和挑选优质的基金产品有一定的帮助。

策略一：价值策略

股票基金投资中所使用的价值策略可以更进一步细分，具体内容见表5-2。

表5-2 价值策略的具体内容

策略	说明	投资标的	使用环境
价值投资策略	从价值投资的理念出发，以"低估值+成长性+行业龙头"为投资核心，选择那些长期看好的精选优质个股进行投资	以中、大市值的蓝筹股为主；选择市场空间大、增长持续时间长、有一定壁垒、盈利长期稳定且估值没有泡沫的行业；将视角放在那些历史业绩表现优秀且稳定的、业务有护城河的、管理层优秀的、战略清晰的行业龙头公司	熊市、震荡市

（续表）

策略	说明	投资标的	使用环境
高股息策略	关注基本面稳健且具有高股息稳定分红的价值蓝筹股，同时也主张长期投资理念	以高股息、分红稳定的价值股为主，重点关注历史分红稳定、具有强烈分红预期、市盈率较低且具备一定成长性的标的；也将视角放在那些历史业绩表现优秀且稳定的、业务有护城河的、管理层优秀的、战略清晰的行业龙头公司	熊市、震荡市、低利率环境

策略二：成长策略

成长策略也是股票基金投资中常用的策略，该策略同样可以进行细分，见表5-3。

表5-3 成长策略的具体内容

策略	说明	投资标的	使用环境
白马成长策略	坚持投资成长股精选，并通过"自下而上"的基本面分析精选成长股，寻找市场预期与内在价值之间的预期差来确定投资标的，同时通过不断地持仓修正来降低组合的成本与波动	以成长性和估值相匹配的行业龙头公司为主	牛市、震荡市
	用较低的价格买入成长性较高的股票，注重数量分析，选股时兼顾价值与成长，追求风险适中，以获得较高的风险调整后收益	关注成长性较高行业下的低估值公司及高成长性细分行业中未被市场挖掘的成长性公司	熊市、震荡市

（续表）

策略	说明	投资标的	使用环境
中盘成长策略	从大中小盘股中选取成长潜力大的个股，并通过宏观经济景气度和行业景气度进行排序，选取景气度可以维持3~5年的高景气行业；再通过观察行业周期，进行中短期高景气行业选择；然后结合个股公司的基本面来精选公司	受益于行业景气、业绩成长性突出、估值相对合理安全、公司治理完善且管理层稳定可靠的公司	牛市、熊市、震荡市
行业精选策略	寻找未来2~3年持续景气向好或反转的行业，从中挑选出能够充分享受行业景气的公司，兼顾趋势与价值在合适的时机买入并长期持有	以未来持续景气的细分行业中的价值低估和优质公司为主	牛市、熊市、震荡市
低波动策略	使用"低波动+高盈利+高增长+预期差"的个股优选策略，选择波动率较低且盈利较高的个股，通过最大化风险调整后收益及最小化组合波动率来优选组合，在降低组合波动率的同时提高收益率	"低波动+高盈利+高增长+预期差"的个股，最大化风险调整后收益及最小化组合波动收益率的优化组合	低波动市场
逆向策略	利用"自下而上"的方法，通过预期差寻找优质个股，在市场预期修复中获得超额收益	以由于认知偏差、周期低潮和事件冲击而具有投资价值的个股为主	牛市、震荡市

透过持仓情况，了解股票基金投资策略的本质

股票基金在选择持仓股票时，除了使用经典的价值策略和成长策略外，还会使用一些其他的策略，如股票多空策略、指数增强策略、打新股策略等，使用这些策略的目的就是给股票基金选择优质的个股。投资者可以在天天基金网查看基金的持仓情况，以鹏华医疗保健股票基金（基金代码：000780）为例，我们可以在其基金档案的"投资组合"项

目下看到它的股票持仓情况，如图5-5所示。在"基金持仓"页面，投资者还可以了解一只股票基金以往不同时期的持仓情况，发现基金投资标的的一些变化。

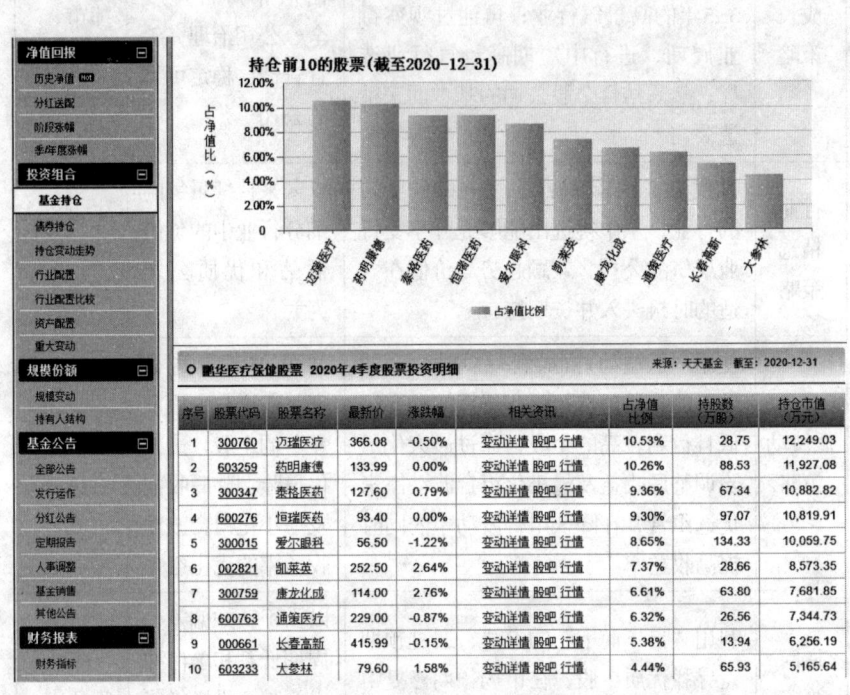

图5-5　股票基金的持仓情况查看

第 6 章

指数基金：跟踪指数趋势
实现低成本投资

通过指数，发掘指数基金的投资优势

指数基金的类别及挑选标准

了解国内的主要股票指数与债券指数

价值投资，选择低估指数做指数基金投资

通过指数，发掘指数基金的投资优势

指数基金是基金市场中备受投资者青睐的一种基金产品。由于指数基金的跟踪标的是指数，而指数长期又呈现出上涨趋势，所以很多投资专家、投资大师向投资者推荐指数基金。如我们熟悉的股神巴菲特，就非常喜爱指数基金。下面我们就通过指数来透彻地了解指数基金。

揭开指数的面纱

在《路透金融词典》中，是这样定义指数的：各种数值的综合，用于衡量市场或经济的变化。在理解指数定义的基础上，可以发现，指数是证券市场中的一把标尺，它可以很好地反映市场的平均收益与波动；同时，指数还是指数基金以及股票指数期货、期权标的的基础。因此，指数在证券市场中有着重要的地位。了解指数，可以从认识指数的编制方案开始。

实际上，指数就是一个选股规则，其存在的目的是按照一定的规则挑选出一篮子股票，并将这一篮子股票的平均价格走势给表现出来。通常，证券交易所和指数公司是指数的开发机构。例如，上海证券交易所开发了"上证"系列指数，深圳证券信息有限公司开发了"深证"系列指数，中证指数有限公司则开发了"中证"系列指数。此外，国外著名

第6章 指数基金：跟踪指数趋势实现低成本投资

的指数公司有标准普尔公司、道琼斯公司、富时罗素公司等。

那么，这些指数具体是如何编制的呢？我们以上证综合指数（简称"上证指数"，指数代码：000001）为例来说明指数的编制过程。

1. 选择样本股

我们知道，上证指数反映上海证券交易所上市公司的整体表现。在编制上证指数时，指数的样本空间由在上海证券交易所上市的股票和红筹企业发行的存托凭证组成，ST、*ST[①]证券除外。

2. 确定指数计算方法

目前，指数计算主要采用指数加权法，上证指数的计算公式如下：

$$报告期指数 = \frac{报告期样本总市值}{除数} \times 100$$

式中：总市值 = Σ（证券价格 × 发行股本数）；除数修正方法根据指数计算与维护细则确定。

3. 调整指数样本

调整指数样本是指将最能代表市场的股票选入，将不符合的股票剔除。就上证指数而言，其指数调整方式为：上市以来，日均总市值排名在上海市前10位的证券于上市满3个月后计入指数，其他证券于上市满一年后计入指数。样本被实施风险警示的，从被实施风险警示措施次月的第二个星期五的下一交易日起将其从指数样本中剔除；被撤销风险警示措施的证券，从被撤销风险警示措施次月的第二个星期五的下一交易日

[①] ST、*ST：如果股票名称中加上"ST"，警示市场该股票存在投资风险；如果股票名称中加上 *ST，指该股票有退市风险。这是上海证券交易所和深圳证券交易所对财务状况或其他状况出现异常的上市公司股票交易进行特别处理的一种方式。

起将其计入指数。当样本退市时，将其从指数样本中剔除。样本公司发生收购、合并、分拆、停牌等情形的，参照指数计算与维护细则处理。

不同的指数，其编制方法会不同，选择样本的条件等也会有所不同。投资者想要了解某一只指数的编制原理，可以在中证指数股份有限公司官网进行查看，该网站包含了中证系列指数、上证系列指数、深圳系列指数、新三板系列指数、中华交易系列指数、AMAC系列指数[①]。

指数基金与指数的关系

了解了指数之后，我们再来看指数基金。指数基金就是按照跟踪指数的构成标的，来购买该指数包含的全部或部分证券，从而实现与标的指数达到同样的收益水平，进而实现与市场同步成长。所以，投资者购买指数基金，实际上是购买了部分或全部某指数所包含的股票。此外，从长期来看，股市是不断上涨的，所以指数也会跟着上涨，相应的指数基金也会跟着上涨。

指数基金是成熟的证券市场上不可缺少的一种基金。在西方发达国家，指数基金与股票指数期货、指数期权、指数权证、指数存款和指数票据等指数产品一样，日益受到交易所、证券公司、信托公司等各类机构的青睐。

指数基金虽然是在跟踪指数，但也会出现跟踪误差[②]。如图6-1所示是天天基金网上显示的中证生物科技主题指数A基金（基金代码：

[①] AMAC 系列指数：指中国基金业协会（Asset Management Association of China）基金估值行业分类指数，简称 AMAC 行业指数。

[②] 跟踪误差：指跟踪偏离度的标准差，是根据历史的收益率差值数据来描述基金与标的指数之间的密切程度，同时揭示基金收益率围绕标的指数收益率的波动特征。一般来说，跟踪误差越小，基金经理的管理能力越强。

501009）的跟踪误差。

跟踪指数	跟踪误差	同类平均跟踪误差
中证生物科技主题指数	0.17%	0.46%

截至：2021-03-05

图6-1 天天基金网上的指数基金跟踪标的数据

指数基金不能完全复制指数的走势。此外，投资者在投资实践中可能会发现，有些跟踪同一指数的指数基金之间，也会有明显的差异，这主要有以下原因。

1. 不同基金的现金资产规模不一致

首先，为了应对投资者的赎回（特别是大额赎回），基金会准备一部分现金资产，而将其他现金资产用于投资。同时，在投资者赎回基金时，有一部分赎回费用还会进入基金的现金资产。其次，在面临基金申购时，由于到账时限的问题，申购资金可能不会按照基金经理预期的投资时间到账，这也会使基金的现金规模发生变化。最后，作为指数基金，还能享受到所投资股票的现金分红收益，这同样能使基金的现金规模发生变化。当基金的现金资产规模因这些因素而发生变化时，就会对基金经理的投资行动产生一定的影响（要么买入较多的样本股，要么减少样本股的购买），进而使跟踪同一指数的不同指数基金之间存在明显的跟踪误差。

2. 指数的样本股会进行调整

指数公司会根据指数编制规则对指数的样本股进行调整（将不符合

指数编制要求的股票剔除，或者纳入符合指数编制要求的股票）。当指数调整之后，基金经理也会做出相应的行动，对指数基金的投资股票进行调整。对不同的基金经理来说，完成基金投资标的调整通常有一定的时间差，而且不同的基金经理有不同的调整策略，这就导致在短期内跟踪同一指数的指数基金之间出现一定的误差。

因此，指数基金的跟踪误差管理是一项非常精细化的工作，指数基金与指数之间，跟踪同一指数的指数基金之间，存在一定的误差是正常的。

指数基金的类别及挑选标准

认识了指数基金之后，我们就要学会指数基金的投资。由于指数基金采取跟踪指数的被动化管理策略，因而对应的管理费率较低、基金运作手法简单、业绩透明度高，再加上分散投资，指数基金的投资风险更容易防范。因此，投资者可以在详细了解指数基金的基础上，挑选一些优质指数基金进行投资。

指数基金的类别

尽管指数基金是跟踪指数的一类基金，但是如果按不同的标准对其进行细分，还可以将指数基金划分成更细致的类别，见表6-1。

表6-1 指数基金的分类

分类标准	具体类别	说明
指数基金本身的投资运作方式	完全复制型指数基金	完全被动跟踪标的指数，是完全意义上的指数基金
	增强型指数基金	在跟踪指数的同时加入了积极投资的成分以期战胜市场，在提高收益预期的同时，也在一定程度上增加了风险与成本

（续表）

分类标准	具体类别	说明
基金所跟踪的股价指数的特点	综合型指数基金	是最多、最典型的指数基金，以市场中某一反映全市场状况的综合性指数作为跟踪标的，如上证指数、深证成指、上证180指数等，以及国际上著名的道琼斯工业平均指数、标准普尔指数等，都属于综合型的指数
	局部型指数基金	以反映市场中某一板块的指数作为跟踪对象。其中，最常见的是按上市公司规模分类的指数，对应的基金有大盘股指数基金、中盘股指数基金和小盘股指数基金；还有一种是按投资目标进行分类的指数基金，按投资目标的风格类型进行划分，可以将股票分为价值型或成长型股票，对应的是价值型指数基金与成长型指数基金
	行业指数基金	某些股票价格指数描述某一特定行业上市公司股票价格的变化情况，由此就产生了各种类型的行业指数，跟踪这些行业指数的基金就是行业指数基金
	混合型指数基金	是上述几种类型基金的组合，即将上述行业或板块进行复合后作为标的指数的指数基金

投资者也会注意到，指数基金中也有一些基金产品名称中带有字母A、C，这只是前端收费和后端收费的区别。当然，指数基金还包含ETF联接基金、LOF基金，它们都是指数基金中的重要角色。

挑选指数基金的一些出发点

市面上的指数基金种类繁多，只有那些优质的指数基金才能为投资者带来超额收益。投资者在挑选指数基金时，可以从以下两点出发。

1. 从所有指数基金中挑选可投资基金产品

挑选指数基金的基本出发点与挑选其他基金类似，就是从指数基金对应的基金公司实力、基金投资费用、基金的标的指数出发。

（1）基金公司实力。一般来讲，只有那些实力雄厚的基金公司，才能为基金经理提供精密的计算和严谨的操作流程，让基金经理有足够的决策分析信息来紧密跟踪标的指数。

（2）基金投资费用。在基金公司实力确定的前提下，投资者还要看基金的投资费用。不同基金的投资费用也不同。投资费用越低，投资者的投资成本也就越低，特别是当基金的运作费用较低时，投资者能获得更充分的投资收益。

（3）基金的标的指数。指数基金的首要任务是跟踪标的指数。挑选指数基金时，除了要看指数基金与指数之间的跟踪误差大小，还要看所跟踪指数的综合实力。

2. 从跟踪同一指数的指数基金中挑选优质基金产品

针对某一指数，很多基金公司都会推出跟踪这一指数的基金产品，因此，投资者还可以从跟踪同一指数的基金产品出发，来选择优质的基金产品。

（1）误差越小越好。就算是跟踪同一指数的基金产品，因为基金经理的管理能力有差异，所以在跟踪这些基金指数的时候，也会出现不同程度的跟踪误差。这时，投资者最好选择那些跟踪误差最小的基金产品进行投资。

（2）费率越低越好。跟踪同一指数的基金产品，它们的费率设置也有不同，这是因为不同基金经理在基金产品的运作方面投入的管理工作不同。一般来说，一些指数增强型基金的管理费率相对较高，在各项条件一致的情况下，投资者选择那些费率最低的指数基金投资更划算。

（3）规模越大越好。不同基金公司推出的跟踪同一指数的基金产品的规模也不同。对指数基金来说，其被动管理的成分更多。当指数基金的规模越大时，大额的申购、赎回对它的冲击就会越小，并且一些固定费用

（审计费、上市费等）给基金带来的冲击也会越小。所以，对指数基金来说，规模越大，追踪标的指数的准确性会越高，收益也会越明显。

在挑选跟踪同一指数的基金产品时，投资者可以使用天天基金网上的"基金比较"功能来筛选理想的基金产品。具体操作是：在天天基金网的"投资工具"栏中，单击"基金比较"按钮，进入"基金比较"页面，如图6-2所示。投资者可以将所选择的跟踪同一指数的基金通过"添加基金比较"添加进来，然后就能通过"当前比较""业绩评级比较""资产配置比较"等项目直观地观察几只基金的差异，这更便于投资者挑选到优质的指数基金产品。

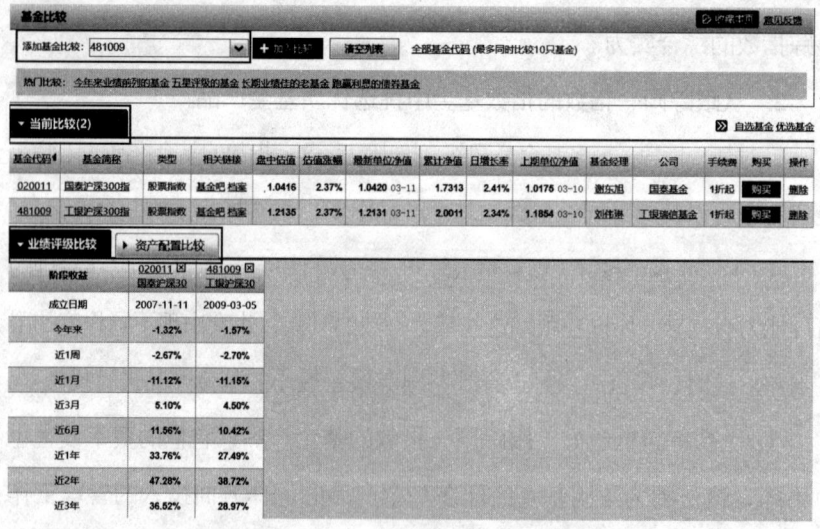

图6-2 基金比较操作页面

在其他基金的投资过程中，投资者同样可以使用基金比较操作来挑选更好的基金产品。但要注意的是，基金比较只适合同类型的基金产品，不同类型的基金产品放在一起比较往往没有意义。

了解国内的主要股票指数与债券指数

国内的中证系列指数、上证系列指数、深证系列指数等,都可作为投资者的投资对象。不过,在这些系列指数中,只有部分指数更有投资优势。下面我们就对市场中更有投资优势的股票指数和债券指数进行介绍,以帮助投资者选择更有投资价值的指数基金。

国内的主要股票指数

1. 国内股票指数的分类

国内的股票指数类型主要有规模指数、行业指数和主题指数,具体内容见表6-2。

表6-2 股票指数的分类

指数类型	说明	举例
规模指数	也称为宽基指数、市值指数,这些指数主要根据成分股的市值等因素进行编制	上证指数、深证成指、沪深300、上证50、上证180、中证100、中证500等
行业指数	依据成分股所属的行业进行分类和编制	180金融、上证消费、中证金融、申万证券等
主题指数	依据成分股所属的主题、概念等进行分类和编制	红利指数、上证央企、消费80、大数据、医药主题等

此外，国内的股票指数，还有一些可以划分为策略指数和风格指数，例如，策略指数中的基本面50指数、风格指数中的沪深300成长指数。不过，跟踪这些指数的基金较少。

2. 基金市场上常见的股票指数

实际上，就股票指数而言，其中的规模指数通常被作为指数基金的标的。下面，我们就介绍下指数基金跟踪的规模指数中的一些主流指数，具体内容见表6-3。

表6-3　国内规模指数中的主流指数

指数类型	指数名称	说明
全市场类	上证指数	以上海证券交易所上市的全部股票为样本股（包括A股和B股），用来综合反映上海证券市场上市股票的价格表现
	深证指数	以深圳证券交易所上市的所有股票中最具有代表性的500只股票为样本股，并以流通股为权重计算得出的加权股价指数，综合反映深圳证券市场上市A股和B股的股票价格走势
	中证800	以中证500指数和沪深300指数的成分股为样本股，综合反映我国A股市场大、中、小市值公司的股票价格表现
	万得全A	以所有在上海证券交易所和深圳证券交易所上市的A股股票为样本股，以自由流通股本作为权重进行计算
大盘类	上证50	以沪市A股中规模大、流动性好的最具代表性的50只股票为样本股，反映上海证券市场最具有影响力的一批龙头公司的股票价格情况
	中证100	以沪深300指数成分股中规模最大的100只股票为样本股，反映国内A股市场中最具有影响力的一批超大市值公司的股票价格表现
	上证180	以沪市A股中规模大、流动性好的180只股票为样本股，反映上海证券市场一批蓝筹股公司的股票价格表现
	沪深300	以上海和深圳证券市场中市值大、流动性好的300只股票组成样本股，综合反映我国A股市场上市股票价格的整体表现

（续表）

指数类型	指数名称	说明
中盘类	中证200	由沪深300指数成分股中剔除中证100指数成分股后的200只股票组成样本股，综合反映中国A股市场市值公司的股票价格表现
	上证中盘	由上证180指数成分股中剔除上证50指数成分股后的130只股票组成样本股，综合反映沪市中盘公司的股票价格表现
中小盘类	中证500	由全部A股中剔除沪深300指数成分股及总市值排名前300名的股票后，总市值排名靠前的500只股票组成样本股，综合反映中国A股市场中一批中小市值公司的股票价格表现
	创业板指	以最具代表性的100家创业板上市企业股票为样本股，反映创业板市场层次的运行情况
	中小板指	以中小板中按规则选出的100只股票为样本股，反映中小板市场层次的运行情况
	中证1000	以全部A股中剔除中证800指数成分股后，规模偏小且流动性好的1000只股票为样本股，综合反映中国A股市场一批小市值公司的股票价格表现

国内常见的债券指数

债券指数的分类

在学习债券基金的过程中，我们已经对国内的债券种类进行了了解，下面我们就来介绍下债券指数。债券指数通常以国债、金融债、地方政府债、企业债、公司债、可转债、央行票据、短期融资券等为标的，用来反映各类债券的市场走势。目前，国内的债券指数主要分为两大类，分别是综合类指数和分类指数，具体内容见表6-4。

表6-4 国内主要的债券指数

债券指数类别			说明
综合类指数	中证综合债券指数		也称为"宽基指数",反映全市场债券价格的走势。如中证全债指数,由在沪深证券交易所及银行间市场上市的剩余期限1个月以上的国债、金融债、企业债、央行票据及企业短期融资券构成指数样本,全面反映我国债券市场的整体价格表现
	中证全债指数		
分类指数	按债券种类划分	中证国债指数	综合反映所对应单项债券价格的整体表现。例如中证国债指数,由银行间市场和沪深交易所剩余期限1年以上的国债构成指数样本,反映我国利率类债券价格的整体表现
		中证企业债指数	
		上证公司债指数	
		中证可转债指数	
	按债券指标划分	国债指数	可继续按发行期限和信用等级进行细分。如上证5年信用指数,就是由上交所市场剩余期限4~7年、主体信用等级AA级及以上、发行规模在8亿元及以上的信用债组成指数样本
		政策性金融债券指数(国开债、中证农发债指数、中证进出口债指数)	
		信用债指数	
		中证转债指数	

了解债券指数,不仅可以进行债券指数型基金的投资,还能用这些指数对债券市场的未来走势进行预测分析,对投资者投资债券基金也有一定的帮助。

价值投资，选择低估指数做指数基金投资

投资指数基金，我们需要坚持价值投资的理念。价值投资理念由"现代证券分析之父"本杰明·格雷厄姆确立。基于价值投资理念，人们认为投资那些被低估的指数时，未来收益会有更好的上涨空间。因此，人们利用与价值投资相关的指标（市盈率等）来指导指数基金投资，以期能够挑选到低估指数，锁定未来的投资收益。

价值投资理论解读

格雷厄姆对价值投资理论的研究，体现在以下3个方面。

1. 价格与价值的关系

格雷厄姆在研究价值投资的过程中发现：股票有其内在价值，而股票的价格围绕其内在价值上下波动。这就是价格与价值的关系。价格可以上下波动，而且这种波动可能是大幅度的波动。

例如，一家公司的股票价格会因为一些特殊原因而在一天之内发生大幅度的波动，但这家公司的价值不会这样，而是维持在一个稳定的范围，也就是说价值不会轻易受到价格的影响。

2. 能力圈

能力圈就是要求投资者对所要投资的产品进行非常细致的了解，并

能判断出大致的价值范围。如果投资者能够做到这些，那么他就具备了这个投资品种的能力圈。当投资者对投资品种的了解越多，那么他具备的能力圈就越大。

不过，就能力圈而言，最重要的不是能力圈本身有多大，而是投资者能否掌握能力圈的边界范围。

3. 安全边际

安全边际就是股价与股票内在价值之间的关系。做投资时，我们都希望用更低的价格获取更高的价值。即我们要用低于投资产品价值的价格去购买它。如果所购买的投资产品的价格低于价值，我们就说这样的投资产品具备安全边际。

总结起来，价值投资理念的内涵可以归纳为以下3点。

（1）价格与价值的关系。价格围绕价值上下波动，但从长期来看，趋势是一致的。

（2）能力圈。只有具备了能力圈，我们才能判断出投资产品的价值。

（3）安全边际。只有当价格大幅低于价值时，我们才会买入。

所以，价值投资理念将投资者的关注点转移到了投资产品的价值上，只有当投资者对某一类投资产品的潜在价值有了充分的了解和判断后，才会做出投资行动。

选择低估指数的一些估值指标

基于价值投资理念，在投资指数基金时，选择那些低估的指数进行投资，会有更好的安全边界，更有机会在未来获得超额收益。那么怎样才能寻找到市场中那些低估的指数呢？投资者可能会发现，一些分析者

第6章 指数基金：跟踪指数趋势实现低成本投资

评价个股时，一般会用到市盈率（PE）、市净率（PB）、股息率、净资产收益率（ROE）等指标。同样地，作为包含一篮子股票的指数基金，也可以用对应指数的市盈率、市净率、股息率、净资产收益率等指标对指数基金的投资价值进行分析。

下面，我们就介绍下每一个指数基金估值指标的内涵。

1. 市盈率

市盈率是公司市值与公司盈利之间的比值，用以下公式表示：

$$市盈率 = \frac{公司市值}{公司盈利}$$

如果让公司市值和公司盈利分别除以公司总股数，则市盈率还可以用以下公式表示：

$$市盈率 = \frac{每股股价}{每股盈利}$$

以上公式用字母表示为：

$$PE = \frac{P}{E}$$

式中，公司盈利是上市公司能为股东赚到的钱，公司市值是一家公司在市面上出售时的理论价值。市盈率反映了投资者为获取公司1元的收益需要付出的代价。例如，一家公司的市盈率是5，那么投资者为了获得该公司1元的收益，就需要付出5元的代价。

可见，对投资者来说，市盈率越低，投资成本越低，但这并不是绝对的。在指数基金的投资中，不同指数的成分股不同，属性也各不相同，各自的市盈率值一般没有可比性。因此，投资者可以使用单个指数不同历史时期的市盈率值来确定该指数的市盈率在某一时间段的水平。

此外，市盈率是动态变化的，它取决于股价与每股盈利。但在现实中，股价在每个交易日都会发生变化，而每股盈利一般使用最近一次年报中的数据，这会使该指标的滞后性非常明显，此时对应的市盈率，就是静态市盈率；如果每股盈利使用最近4个季度的滚动指标，那么滞后性会小一些，这就是滚动市盈率；如果每股盈利使用分析师或市场的预期值，此时就是预期市盈率。

市盈率在指数基金投资中的应用：由于不同指数所对应的行业不同，所以市盈率的应用也有一定的局限性。投资者最好直接将指数的市盈率放到其自身的历史走势中进行比较，如果发现与历史相比，目前处于低估的位置，则可以考虑投资。

2. 市净率

市净率是指公司市值与公司净资产的比值，用以下公式表示：

$$市净率 = \frac{公司市值}{公司净资产}$$

如果用公司市值与公司净资产分别除以公司总股数，则市净率还可以用以下公式表示：

$$市净率 = \frac{每股股价}{每股净资产}$$

以上公式用字母表示为：

$$PB=\frac{P}{B}$$

式中，每股净资产是公司资产减去负债后的值，代表全体股东共同享有的权益。

市净率在指数基金投资中的应用：当公司的资产主要为比较容易衡量的有形资产（房屋、土地、厂房、原材料等），并可以长期保值时，市净率估值就显得比较可靠，且这些行业的市净率通常较低。但对一些强周期性行业，其盈利不稳定或表现为周期性变化时，就不适合用市净率进行估值；而且在经济危机时期，市净率同样不适合衡量公司的价值。

3. 股息率

股息率是企业过去一年的现金派息与当时股价的比值。股息率随着股价波动：股价越低，股息率越高。股息率用以下公式表示：

$$股盈率=\frac{股息}{股价}$$

股息率在指数基金投资中的应用：股息率越高，指数的估值越低，抗跌性越强。对一些大盘蓝筹股（上证50、沪深300等）来说，股息率有着重要的意义。当股息率高到一定的水平，如超过无风险债券（国债）的收益率时，该指数对投资者的吸引力会非常大。

前面提到的市盈率、市净率、股息率等指标，投资者可以在中证指数有限公司官网的下载中心中查找。

4. 净资产收益率

净资产收益率是指净利润与净资产的比值，用以下公式表示：

$$净资产收益率 = \frac{净利润}{净资产}$$

净资产收益率代表股东股权投资的报酬率，即公司的赚钱能力。净资产收益率是公司发展最核心的动力，公司股价的长期年化收益率与净资产收益率接近。

净资产收益率在指数基金投资中的应用：当净资产收益率越高时，指数的投资价值越高。

第 7 章

混合基金：不明投资环境中的多元化投资工具

不同资产配置比例下的混合基金分类

3大要领，促成混合基金投资成功的关键

不同资产配置比例下的混合基金分类

混合基金是能同时投资于股票、债券、货币市场工具的基金产品。由于配置有多项资产，混合基金往往可以实现多元化投资。投资者如果能选到优秀的混合基金，就能轻松获取股票市场、债券市场、货币市场的收益。此外，投资优秀的混合基金，还能简化投资者选择基金产品的程序，让投资者更加快捷地挑选到理想的投资产品，实现多元化投资。

混合基金的常见种类

混合基金同其他开放式基金一样，只是基金市场中的一种基金产品。通常会基于资产配置比例来对混合基金进行分类，这是一种较为粗略且常见的混合基金分类方式。基于资产配置比例，对混合基金的分类见表7-1。

表7-1 混合基金的分类

类别	仓位比例	说明
偏股混合型	股票资产比例下限为60%，也包括股票资产比例低于60%下限，但业绩比较基准中股票比例值等于或大于60%的混合基金	以股票为主要投资方向，业绩比较基准中以股票指数为主。在风险收益方面与普通股票型基金区别不大，都属于高风险、高收益基金产品

（续表）

类别	仓位比例	说明
偏债混合型	债券资产比例下限为60%，也包括债券资产比例低于60%下限，但业绩比较基准中债券或存款利率比例值等于或者大于70%的混合基金	以债券为主要投资方向，业绩比较基准中以债券指数或存款利率为主。其中，股票资产投资比例不高于30%或40%，但比二级债基的20%股票资产上限宽松，因此这类混合基金的风险收益水平要高于二级债基，但在混合基金中属于较低的。偏债混合基金能享受到股票的长期高收益，同时能用较大比例的债券平滑市场波动，收益比较稳健
灵活配置型	仓位比较灵活，股票资产的投资比例在0~95%的范围内灵活变动	一般在基金名称中会有"灵活配置"字样。既包含高仓位参与股票投资的高风险基金产品，也包含以打新策略、债券策略、量化对冲策略为主的低风险产品
平衡混合型	对股票、债券的配比没有明显侧重	通过股票与债券之间的合理配比，以实现长期良好的投资效果

投资者选择混合基金时，一定要仔细阅读基金招募说明书。每只基金的招募说明书中都会对混合基金的资产配置情况、投资方向、收费方式、风险与收益水平等进行详细的介绍。特别是灵活配置型混合基金，投资者要更加谨慎，因为该类混合基金的股票仓位比较自由，有时可能会配置很高比例（大于90%）的股票资产，这就意味着该基金对应着非常高的风险。所以，投资者研读混合基金的基金招募说明书就显得至关重要了，在一定程度上，投资者只能借助基金招募说明书挑选到与自身风险收益承受能力相匹配的混合基金产品，从而在投资环境不明朗的状况下实现多元化投资，获取可靠的基金投资收益。

认清混合基金的特点

由于混合基金投资比较多元化、仓位没有明显限制等，因此混合基金成为一种投资方向比较灵活，可以适应不同投资者和投资环境的基金产品。特别是在市场投资境况不明朗时，投资者为了安全，可以选择混合基金进行投资，利用基金经理的主动管理来获取市场收益。混合基金既有优点，也有缺点，投资者要认清混合基金的优缺点，这样才能更好地安排自己的投资计划。

1. 混合基金的优点

（1）风险对冲。混合基金重点关注的仓位是股票仓位和债券仓位。我们知道，股票和债券是两种不同类型的投资产品，股票通常具有较高的风险和收益，而债券通常是风险和收益相对稳定的投资产品，那么在混合基金中，股票资产和债券资产互相搭配，就能很好地进行风险对冲。

（2）灵活度高。混合基金可以任意切换、灵活配置资产类别，这使得该类基金的市场表现非常灵活。

2. 混合基金的缺点

（1）对基金经理的能力要求较高。混合基金虽然可以灵活配置不同的资产，但这也会使基金产品的净值出现频繁的变动，因而要求基金经理有很好的管理能力，可以依据市场做出有效的投资决策，保持基金净值的相对稳定。

（2）单向收益受限制。混合基金倾向于通过进行多类资产的配置来平滑单一资产波动对基金净值产生的影响。但相比于单向基金，混合基金不能满仓配置单一资产，因而这种资产配置可能会压低基金净值的增长率，从而使收益可能会更低。

　　混合基金对基金经理的依赖较大，属于主动型基金，并且其会分散投资方向，因此整体上风险适中，一般属于中高风险投资产品，投资者可以根据自身所能承受的风险能力进行混合基金的投资。

3大要领，促成混合基金投资成功的关键

混合基金因为自身具有的一些优势，可以适应不同投资者的投资需求。为了帮助投资者更好地利用混合基金进行投资，下面介绍3大投资要领，投资者可以作为参考应用到混合基金的投资过程中。

要领一：了解投资者自身的风险偏好

无论是在投资方面，还是其他方面，人们都需要认清自己、了解自己，才能有效地发现自己可以前进的方向。我们也一直在强调投资需谨慎，所以，面对中高风险的混合基金，投资者更要谨慎些，比如一些混合基金在股市的牛市来临时，接近满仓持有股票，这样该基金的风险收益与股票基金就没有区别了。因此，投资者选择混合基金时，除了要看该基金的股票仓位外，还要看该基金的基金资产中实际配置的股票比例，以挑选到更加适合的基金产品。

对风险偏好者来说，可以选择偏股混合型基金进行投资；对风险中立者来说，可以选择股债平衡型基金或灵活配置型基金进行投资；对风险厌恶者来说，可以选择偏债混合型基金进行投资。此外，灵活配置型基金在遇到风险时还会放弃股票仓位，同样可以作为风险厌恶者的投资选择。

要领二：明确混合基金的业绩比较基准与投资风格

不同的混合基金有不同的业绩比较基准，如鹏华弘嘉混合A类基金（基金代码：003165）的业绩比较基准是：中证综合债指数收益率×50%+沪深300指数收益率×50%。对很多基金来说，只有当其业绩表现达到或超过比较基准时，这只基金的业绩才算合格。

基金业绩比较基准在一定程度上反映基金的投资风格，通过研究一只基金的投资风格，我们就可以知道这只基金的风险大小能否与自己的风险偏好相匹配。例如，通过天天基金网上各基金档案中的特色数据，可以看到广发大盘成长混合基金（基金代码：270007）的投资风格，相关信息如图7-1所示。

图7-1　基金投资风格展示

展示基金投资风格的九宫格叫作基金投资风格箱。投资风格箱列示的是影响基金业绩表现的两个因素：基金所投资股票的规模和价值—成长性风格。按照基金持有的股票市值不同，把基金投资股票的规模定义为大盘、中盘和小盘；以基金持有股票的价值—成长特性为基础，把基金投资股票的价值—成长性风格定义为价值型、平衡型和成长型。在混合基金、股票基金、指数基金的投资风格分析中，都会用到投资风格箱。为了更好地理解基金投资风格箱中展示的内容，我们来了解一下与基金投资风格箱相关的一些基础知识。

1. 大盘、中盘和小盘的规模判断

（1）大盘：基金持仓中的大盘权重股（流通市值在120亿元以上）居多。

（2）中盘：基金持仓中的中盘股（流通市值介于45亿元至120亿元）居多。

（3）小盘：基金持仓中的小盘题材股（流通市值在45亿元以下）居多。

2. 价值型、平衡型和成长型股票的价值—成长性风格判断

（1）价值型：基金持仓中的股票多为价值型股票（股价低于公司内在价值的股票），一般是一些业绩较好、利润稳定的公司的股票。

（2）平衡型：介于价值型和成长型之间的一种股票风格，较为中立。

（3）成长型：基金持仓中的股票多为成长型股票。成长型股票看中的是该公司未来主营业务和利润有无快速增长的可能。

综上，可以得出基金投资风格箱的判断原则，具体内容见表7-2。

表7-2 基金投资股票风格箱的判断原则

股票规模	价值—成长性风格
大盘股	成长性不如小盘股，但风格较为平稳，投资收益较稳定，风险较低
小盘股	成长性好，潜在收益比较高，常伴随着高风险，波动比较明显，有暴涨、暴跌的可能
中盘股	表现介于大盘股和小盘股之间

基于以上基金投资风格的判断原则，在九宫格形式的基金投资风格箱中，横坐标分别表示价值、平衡、成长，一般一只基金的投资比例越靠近价值型，风险越低，反之风险越高；纵坐标分别表示小盘、中盘、大盘，一般一只基金的投资比例越靠近大盘，风险越低，反之风险越高。

注意，在投资风格箱中，投资标的的投资比例用不同的填充色表示，颜色越深，表示投资标的所占的比例越高；颜色越浅，表示投资标的所占的比例越低。

投资风格箱是判断基金投资风格的重要参考工具，但投资者要注意，基金的投资风格箱不是一成不变的，当基金对应的基金经理或管理团队发生变化时，基金的投资风格箱也会有相应的调整和变化。

要领三：做好投资判断

在投资混合基金的过程中，投资者还需要做好投资判断。所谓投资判断，就是依据对市场的一定预判来做投资决策。尽管我们已经知道预测市场往往不准确，但这并不是说就没有预测的必要。即使是预测错误，只要及时调整，同样可以避免一些损失。

因此，在操作混合基金时，投资者要对市场环境的大势做一下判断，确定市场是否还处于牛市。如果判断结果是市场处于牛市，那么投资者还可以继续持有一段时间，在发现市场转势信号出现之后快速卖出；如果判断结果是市场处于熊市，并能预期未来的上涨，那么投资者反而可以在市场低位继续加仓，等待未来的市场上涨。此外，投资者如果对市场判断的结果不理想，还可以进行基金转换，将风险较高的混合基金转换为风险较低的货币基金等，这不仅实现了风险转嫁，还可以有稳定的货币基金收益。

所以，通过做投资判断，投资者可以提前做好应对市场变化的准备，以免让自己遭受更大的损失。

除了以上3条要领之外，在投资混合基金时，基金公司和基金经理同样很重要，投资者可以根据前面提到的分析基金公司及基金经理的技巧对其进行判断。

第 8 章

4类特殊基金：适合不同的投资者灵活投资

基于ETF基金概况进行相关交易

了解LOF基金的特点，熟悉套利操作技巧

明确FOF基金的获利途径，巧用策略做投资

选对QDII基金，给投资者增加获利机会

基于ETF基金概况进行相关交易

ETF基金是交易型开放式指数基金（Exchange Traded Funds，简称ETF），又称交易所交易基金，是一种在交易所上市交易的、基金份额可变的开放式基金。在购买开放式ETF基金时，投资者还会看到ETF联接基金，它也称为影子基金、复制基金，是将绝大部分基金财产投资于目标ETF跟踪的标的指数，具有与标的指数以及标的指数所代表的证券市场相似的风险收益特征。

了解ETF基金的概况

对ETF基金的了解，投资者可以从ETF基金的名称入手。ETF基金的名称是"交易型开放式指数基金"，该名称包含以下信息。

（1）交易型：指ETF基金如同股票一样，可以在证券交易市场进行买卖。投资者如果要买卖ETF基金，可以利用股票交易系统委托下单进行场内交易。

（2）开放式：指ETF基金可以像普通开放式基金一样，让投资者在场外进行申购和赎回。投资者可以在场外申购、赎回的ETF基金，一般为ETF联接基金，它作为一种开放式基金，只可以进行申购和赎回交易，不能像真正的ETF基金一样，在二级市场上进行买卖交易。

（3）指数基金：指ETF基金同样属于指数基金的范畴。投资者可能已经发现，在投资指数基金的过程中，就遇到了诸多ETF联接基金，这些基金虽然在基金类型上属于联接基金，但通常会以相关指数为跟踪标的，所以，这就能很好地理解为什么ETF基金也属于指数基金的范畴了。

我们所说的ETF基金，通常是包含ETF联接基金的，如果细究，ETF基金与ETF联接基金之间是有一定区别的，具体内容见表8-1。

表8-1 ETF基金与ETF联接基金的区别

基金类别	区别		
	购买渠道	基金费率	投资门槛
ETF基金	可以在一级、二级市场买卖	在二级市场买卖ETF份额只向券商支付佣金，并免缴印花税，费率较低	买时用一篮子ETF制定的股票换ETF份额；卖时用ETF份额换回一篮子ETF指定股票
ETF联接基金	只能在一级市场申赎	有认购、赎回费，能享受到购买渠道的费率优惠	与普通开放式基金一样可以直接使用现金投资，通常投资起点较低

所以，ETF基金是一种特殊的开放式基金，投资者既可以用一篮子股票向基金管理公司申购或者赎回基金份额，又可以在场内按市场价格买卖ETF基金份额。

认识ETF基金的优点

1. 有效跟踪指数，透明度高

与普通基金相比，ETF基金跟踪指数的效果更好，与指数的走势保持高度一致。所以，ETF基金的这种运行机制，能保证其有很好的透明度。

此外，在二级市场交易时，ETF基金都以股票实物进行交易，不会动用现金，这样就能避免大额申购和赎回对原有基金持有人的利益造成影响。

2. 费率低，交易便捷

无论是ETF基金在二级市场交易的佣金费，还是在一级市场的申购、赎回费，都比较低，投资者无须花费较多的投资成本，就能实现ETF基金的投资。此外，无论是在一级市场还是在二级市场交易的ETF基金，其对应的管理费率都比较低。因此，在很低费率下，投资者只要开通股票交易账户或基金账户，就能很便捷地投资ETF基金。

3. 仓位高，流通性好

ETF基金的股票仓位都比较高，甚至可以达到100%的股票仓位，从而可以让资金实现最大化地利用。场内ETF基金与股票一样，报价能够及时更新，能让投资者及时抓住机会快速实现成交，因而具有很好的流通性。

基于ETF基金本身的特殊性，ETF基金还有其他一些优点，如资产组合管理比较高效、基金的选择与判断比较简单等。

熟悉ETF基金的交易技巧

ETF基金逐渐成为指数基金中的发展主力。在国内，ETF基金的投资费用低，交易特别容易上手，投资者只要掌握以下一些投资技巧，就可以轻松实现ETF基金投资。

1. 长期投资

ETF基金是跟踪不同指数的基金产品，而指数能长期保持上涨趋势；再加上ETF基金的风险分散程度好、透明度高、受管理人主观因素影响相对较小等，具有较好的可预期性。所以，买入ETF基金，长期持有是一种最简单的投资技巧。

2. 波段操作

波段操作是一种在股票价位较低时买入、价位较高时卖出的短线投资技巧。在一级市场，ETF基金的交易机制与股票类似，因此，投资者可以捕捉一些短线交易机会，来获取短期差价收益。可见，ETF基金可以作为投资者捕获市场短期机会的有效工具，用短期快速买进和卖出的方式，将市场波动收益收入囊中。

3. T+0套利交易

ETF基金能在一级市场和二级市场交易，不过在二级市场上，基金的交易价格与基金份额净值会有一定的偏离。因此，投资者可以借助这样的机会在一级市场和二级市场进行股票现货之间的套利交易，从而获取无风险收益。投资者可以在单个交易日内，多次进行这种套利交易操作，具体方法如下。

（1）当ETF基金的二级市场价格低于基金份额净值时，在二级市场买入ETF基金份额并进行赎回，再将赎回获得的股票等资产组合卖出。

（2）当ETF基金的二级市场价格高于基金份额净值时，在二级市场买入股票等资产的组合并申购ETF基金份额，再随即将申购的ETF基金份额卖出。

4."自上而下"技巧和"自下而上"技巧

（1）"自上而下"技巧：指投资者根据宏观经济走势来判断哪些行业、哪些国家可以获取较大的投资收益，然后依据这种判断选择相应的ETF基金进行投资。当然，投资者对市场经济的预判准确时，就能获取超过市场平均值的收益。

（2）"自下而上"技巧：指投资者对行业和国家进行广泛调研，尽可能地发现优质的、被低估的行业或国家的ETF基金进行投资，此时不需要预判宏观经济整体趋势。

了解LOF基金的特点，熟悉套利操作技巧

LOF基金是上市开放式基金（Listed Open-ended Funds，简称LOF），也是一种既可以在场外市场进行基金份额申购、赎回，又可以在场内市场（交易所）进行基金份额交易、申购或赎回的开放式基金。这点与ETF基金比较像，不过LOF基金不像ETF基金那样以复制指数作为投资原则，它只是一种普通的开放式基金，既可以采取被动投资策略，也可以采取主动投资策略，是我国对证券投资基金的一种本土化创新。

LOF基金的一些基本情况

LOF基金与ETF基金类似，也具有两个价格：一个是二级市场的交易价格，利用此价格波动，投资者可以像交易股票一样在二级市场上进行买卖交易，获取价差收益；另一个是一级市场的基金净值，投资者可以利用此价格向基金公司申购和赎回基金份额，获取基金净值差额收益。LOF基金在一级市场和二级市场的交易过程中，主要有以下表现。

（1）场内交易的费用较低。LOF基金的场内交易按双向计算，费率在6‰左右，而场外交易费率可达15‰以上。

（2）场内交易速度更加快捷。LOF基金在场外实行的是未知价交易方式，T日申购基金，T+1日确认交易，最早可以在T+2日赎回，赎回后

资金在T+3日由基金公司划出,再经过托管银行等操作,一般T+7日资金才能到账。而在场内,T日买入的LOF基金,T+1日就能卖出,资金能同时到账。

（3）可以利用场内和场外价格差进行套利。对任何可以在场内和场外同时交易的基金来说,都会因为计价手法的不同而产生价格差,那么此时就会有套利机会。对LOF基金来说,它可以进行套利的机会较少,因为一旦出现套利机会,投资者就会立即行动,场内场外的联合行动,最终往往是让场内和场外基金价格再次趋同。不过有研究发现,在这种情况下较容易出现套利机会：产品转型或新品上市后不久,此时套利者较少。这是因为新品上市及产品转型时,很多投资者对规则还不是很熟悉,套利行动较少,从而使上市早期产品的价格与实际净值之间出现较大的偏差。

与LOF基金的转托管操作相关的一些问题

投资者利用不同渠道买入的基金份额,会托管在不同的机构,并记录在不同的账户,但在这一渠道买入的基金,不能在另一渠道直接卖出。因此,为了应对这种情况,就需要对基金进行转托管操作。例如,投资者在基金公司申购的LOF基金,是不能直接在二级市场上卖出的。同理,在二级市场上买入的LOF基金,也无法直接通过基金公司赎回。

1. 基金的转托管

关于基金转托管,一般有两种方式,分别是系统内转托管和跨系统转托管。

（1）系统内转托管：指基金份额持有人将持有的基金份额在登记结算系统内不同销售机构（网点）之间进行转托管的行为。每只基金系统内转托管的具体业务按照上海证券交易所和中国证券登记结算有限责任公司的相关规定办理。

（2）跨系统转托管：指持有人将持有的基金份额在登记结算系统和证券登记系统之间进行转登记的行为。对一些基金来说，跨系统转托管仅用基金的某一类份额，如A类份额。

2. 与LOF基金套利机制相关的跨系统转托管操作

持有LOF基金的投资者，如果需要进行跨系统转托管操作，就要将登记在当前登记结算系统中的基金转入另一登记结算系统。在办理转托管业务时，投资者需要在转出机构和转入机构都设立基金账户。转托管业务转出时，有的机构会收取手续费。通过转托管，投资者就可以利用LOF基金在两个市场之间进行一些套利交易。

例如，某投资者在某日持有的某只LOF基金的单位净值为2.5元，在二级市场上该只LOF基金的交易价格为2.1元，这时投资者就可以在二级市场以2.1元的价格买入LOF基金，然后通过跨系统转托管流程将基金划转到自己的基金账户上，再以净值赎回，从而实现套利操作。

需要注意的是，转托管手续要两个工作日才可以实现，在这期间，基金净值和基金价格都会发生变化，特别是二级市场上的基金价格，可能变化会更明显。

此外，这些情况的基金是不能进行转托管操作的：第一，基金份额正处在募集期或封闭期；第二，基金份额还有两天就进行权益分派；第三，基金份额处于质押、冻结状态。

明确FOF基金的获利途径，巧用策略做投资

FOF基金是基金的基金/母基金（Fund of Funds），投资范围仅限于其他基金，证监会规定，80%以上的基金资产投资于其他基金的基金才能算是FOF基金。投资者购买FOF基金，实际上是买了一篮子基金，而通过这一篮子基金，投资者可以实现股票、债券、货币市场工具等资产的投资。

FOF基金的基本情况

由于FOF基金是一种比较小众的基金产品，市场总体规模不大，在投资者之间的流传范围较小，很多投资者对这类基金产品比较陌生，下面就对FOF基金的基本情况进行介绍。

FOF基金的主要特征是多元设计、多元风格和多元策略。这类基金以大类资产配置为导向，基金管理者会选择那些优秀的基金作为投资范围，例如一些获得过"金牛奖""基金金奖""明星基金奖"[①]的

---

① "金牛奖""基金金奖""明星基金奖"：通过综合考量每家公募基金管理公司的业绩水准、风险收益特征和长期稳健的持续回报能力等多个维度，引入评级机构、券商等参与评奖，以公平、公正、公开的方式选出的基金奖。其中，"金牛奖"被称为公募基金行业的"奥斯卡"。

基金,能让FOF基金的投资范围覆盖到股票市场、债券市场、货币市场等。

就FOF基金来说,其严密的动态风险管控体系确保了基金净值的稳定性。目前,大多数FOF基金的申购起点较低,很多基金100元起购,但有些品种属于定期开放品种。此外,FOF基金的交易确认日不固定,有实行T+2日的,也有实行T+3日的。FOF基金的分类见表8-2。

表8-2 FOF基金的分类

分类标准	类别	说明
投资标的	混合型FOF、股票型FOF、另类投资FOF、固定收益FOF、货币市场FOF、商品投资FOF、可转换证券FOF、不动产FOF	投资标的的类型不同,FOF基金对应的风险、收益也与相应的标的一致
母基金的管理策略	主动FOF、被动FOF	被动不仅包括FOF指数投资,还包括其他被动执行的投资策略
所投资基金的归属	主投同公司基金产品的内部FOF、主投全市场基金产品的外部FOF、内外部产品均投资的混合FOF	采用内部FOF策略的公司主要是产品线齐全的大公司
母基金的管理方	发行人自己管理的内部管理FOF、有外部投顾提供策略支持的外部投顾FOF	采用外部投顾的FOF发行人自身可能实力不强,但有渠道优势

（续表）

分类标准	类别		说明
母基金管理策略和子基金投资方式	双重主动	母基金主动择时、择基，子基金主动投资	管理难度较高、透明度低、费率偏高
	主动+被动	母基金主动择时、择基，子基金被动投资	费率中等、子基金透明，可能成为主流模式
	双重被动	母基金和子基金均被动投资	操作难度大
	被动+主动	母基金被动投资，子基金主动投资	子基金透明度低，可能导致母基金被配置效果减弱
所投子基金的归属和母基金的管理方	纯内部	内部管理人，投资内部子基金	大基金公司可以采用
	纯外部	外部投顾，投资全市场基金	通常多适用于渠道能力强但投资能力弱的公司
	内外混合FOF	内部管理人，投资全市场子基金；或者外部投顾，投资内部子基金	通常内部管理人投资及全市场子基金的情形多

FOF基金的投资优劣势

在FOF基金逐渐走进人们的投资视野之后，人们慢慢意识到FOF基金在投资方面的一些优劣势，这主要表现在以下方面。

1. FOF基金的投资优势

（1）分散风险：FOF基金将基金资产投向了一篮子基金，而这一篮子基金又对应不同的投资标的，并且FOF基金持有单只基金的市值不能超过FOF基金资产净值的20%。于是，对FOF基金来说，它的投资标的更加分散，这就能更大程度地分散风险。

（2）投资更专业：FOF基金通过专业人员的定性和定量等多重分析方法，以挑选到的优秀基金构建投资组合。特别是在一些大型的优质基金公司中，其基金产品类型丰富、体量大，这就能让基金经理主动挑选自家的优质基金构建FOF基金投资组合。

（3）降低多样化投资门槛：对普通投资者来说，由于资金规模和投资能力的限制，可能无法同时投资多只优秀基金，而FOF基金正好可以满足投资者这样的投资目标，从而有效降低普通投资者多样化投资的门槛。

2. FOF基金的投资劣势

（1）收益率可能较低：大多数FOF基金是混合型产品，权益仓位多是偏股型基金，固定收益仓位多是偏债型基金。所以，与股票基金相比，FOF基金的仓位显得有些保守，因而收益可能低于股票基金。

（2）投资随意性较强：FOF基金的投资风格同样存在漂移的问题，这主要是因为迫于业绩考核的压力，一些FOF基金在运作期间可能会出现投资结构变动幅度较大的情况。

（3）双重收费：基金经理购买FOF基金的标的基金时，需要支付申购费，同时获得的基金收益要扣除管理费等费用的。此外，投资者在购买FOF基金时，也需要支付投资费用，而所有的投资费用最终都会落到投资者身上，由投资者买单。所以，购买FOF基金时，投资者相当于支付了两次投资费用。

FOF基金能跟随市场形式的变动对标的资产组合进行及时调整，从而获取中长期的收益。因此，FOF基金比较适合那些追求稳健投资收益的普通投资者，以及保险、社保、企业年金等投资期限较长的机构投资者。

选对QDII基金，给投资者增加获利机会

QDII基金是合格的境内机构投资者（Qualified Domestic Institutional Investor）在一国境内设立的基金。在我国，QDII是指满足既定条件，经中国证监会批准在中国境内募集资金，运用所募集的部分或全部资金以资产组合方式进行境外证券投资管理的境内基金管理公司和证券公司等证券经营机构。可以说，QDII机构就是在国内募集资金，然后将资金投资于国外的股票、债券等证券市场，从国外获取投资收益。

QDII基金的基本情况

投资QDII基金是普通投资者实现境外资产投资的一种方式。就QDII基金来说，其通常由基金管理公司向国家外汇管理局申请QDII额度，然后在额度范围内，将投资者购买基金的人民币兑换成美元或其他货币，再到境外市场购买证券资产进行投资。

1. **QDII基金的投资优势**

（1）投资便捷。投资者不需换外汇，也不占用个人换汇额度，用人民币就可以直接完成投资，非常便捷。不过，在基金额度紧张时，会暂停申购。

（2）品种多样。基金的投资标的多种多样，涵盖不同国家和不同地

区的多种类型，能为投资者提供多样的选择。

（3）分散风险。QDII基金可以实现国际化投资，能对现有资产进行更加全面的配置，在规避单一市场风险的同时还能争取到境外市场的投资收益。

2. QDII基金的投资劣势

（1）费率较高。整体上，QDII基金的申购费率要高于普通基金，再加上是跨市场管理，有时管理费率也较高。

（2）申赎时间较长。由于境内外市场时差和清算效率的问题，QDII基金净值的公布时间较晚，通常比普通基金晚一个工作日，赎回资金的到账时间也比较长。要注意的是，QDII基金只有在境内市场和当地市场同时交易的日期才可以申赎，只要任一市场休市，申赎都会暂停。

（3）偏股型基金投资收益波动较大。境外市场通常没有涨跌幅限制，同时实行T+0交易，股价波动较大，所以偏股型QDII基金的净值波动比较大。

3. QDII基金的投资区域

QDII基金资产主要投资于境外证券市场。但并不是所有证券都可以作为投资对象，很多QDII基金主要投资于与中国证监会签订了双边监管合作谅解备忘录的国家或地区的金融资产，有些基金的合同中还会明确规定："投资于与中国证监会签订了双边监管合作谅解备忘录的国家或地区以外的其他国家或地区证券市场挂牌交易的证券资产不超过基金资产净值的10%。"

中国证监会已经与世界各地的一些重要金融市场的证券（期货）监管机构签署了《双边监管合作谅解备忘录》。目前，QDII公募基金已经覆盖了中国香港地区以及美国、德国、日本、英国等全球主要的金融市场。

4. QDII基金的投资资产

QDII基金主要投资于发达金融市场上的金融资产，主要包括：股票（以中国香港地区以及美国、德国、印度、日本等其他新兴市场的股票为主）、债券（以新兴市场的美元债券和中资企业在外发行的美元债券为主）、大宗商品（以石油、黄金及其他大宗商品为主）、房地产信托（主要是以房产增值和租金收入为收益来源的海外房地产市场）。此外，QDII基金除了可以直接投资这些资产之外，还可以投资持有这些资产的基金。

普通投资者如何选择QDII基金

QDII基金可以直接投资境外市场的金融产品，这对投资者有很好的吸引力，不过QDII基金一般都属于高风险产品，投资者需要根据自己的风险偏好谨慎投资。目前，市面上的开放式QDII基金的数量及规模较大，投资者可以通过投资渠道了解这些基金的基本特性，再在仔细阅读基金招募说明书的基础上选择适合自己的产品进行投资。

就QDII基金来说，投资者可能也发现了，有些该类基金会有多种份额，如汇添富全球消费行业混合型证券投资基金，它总体上可以分为人民币份额和美元份额，同时，人民币份额还可以分为A类份额和C类份额。那么在面对QDII基金的不同份额时，投资者该怎么选择呢？

1. 人民币份额与美元份额的区别

人民币份额的基金每天都会计算净值，并且会把汇率滚动直接计算在净值当中。如果此时美元升值，那么对应的人民币基金份额的收益率会升高。美元份额的基金在申赎时用美元计价，不存在币种间的汇率换算，在计算净值时，只涉及实际价值的变动。即使美元升值，收益率变化也不会很高。

国内普通投资者一般会选择QDII基金的人民币份额进行投资，投资方式与普通开放式基金一样，只要有基金账户即可。不过一些账户中有美元的投资者，可以选择投资QDII基金的美元份额，通过银行等证券销售渠道就可以购买到基金的美元份额。正如前面所说的，如果投资人民币份额，由于涉及汇率换算，在美元增值时会享受额外的收益。

2. A类份额与C类份额的区别

QDII基金的人民币A类份额与C类份额的区别与其他普通基金一样，都体现在收费方式上。A类份额在认购、申购时收取认购及申购费用，并根据持有期限收取赎回费用，但不会从基金资产计提销售服务费用；C类份额会在基金资产中计提销售服务费用，但不会收取认购或申购费用，在赎回时根据持有期限收取赎回费用。

对比QDII基金的A类份额和C类份额，可以发现如果投资者打算长期持有基金份额，那么选择A类份额比较划算，因为它不会收取销售服务费，同时投资者还会享受到购买渠道的认购、申购费率优惠，当持有时间超过一定的期限时，还会免赎回费。如果投资者只是想做短期波段投资，那么选择申购费的C类份额会更有优势，不过C类份额因为要在基金收益中扣除销售服务费，相对的收益会更低一些。

QDII基金除了人民币份额有A类份额和C类份额之分外，美元份额也有A类份额和C类份额之分，甚至有些时候，美元份额还有现钞和现汇之分。当投资者取出账户上的美元需要交手续费时，则为现汇，可以申购美元现汇份额；当投资者账户上的美元可以随时取用时，则为现钞，可以直接申购现钞份额。

投资者可以根据自己的投资规划来选择投资QDII基金，通过全球市场的资产配置来获取全球市场的收益。

第 9 章

封闭式基金:高回报满足场内交易者的需求

封闭式基金买卖基础知识

从盘面入手,了解封闭式基金的交易信息

根据折价率挑选封闭式基金

封闭式基金买卖基础知识

封闭式基金是与开放式基金相对的一类基金。我们已经认识到有些开放式基金是可以在场内交易的，例如，一些ETF基金只能在场内进行交易。对于封闭式基金，在封闭期内，投资者无法赎回基金份额，只能像买卖股票一样通过证券交易所进行基金份额的竞价交易。

封闭式基金的申购事项

封闭式基金的买卖在证券交易所进行，并采取上网定价的发行方式，即在封闭式基金的发行期内，由于认购基金规模会超过发行规模，所以就会通过配号抽签的方式来分配基金份额。当投资者的配号与中签号一致时，说明基金申购成功中签。这是申购封闭式基金的基本形式，申购封闭式基金的具体事项如下。

1. 办理申购

如果投资者已经开通了沪深证券交易所的股票交易账户或基金账户，可以直接进行封闭式基金的申购；如果投资者没有沪深证券交易所的股票交易账户或基金账户，则需要先开通股票交易账户或基金账户。然后，投资者根据自己的申购量，申购前先在自己的资金账户中存入足够的资金。一旦投资者办理申购手续，申购资金就会被冻结。

第9章 封闭式基金：高回报满足场内交易者的需求

委托申购上网定价发行基金的申购手续与上网发行股票的申购手续相同，即投资者可通过证券交易系统（如同花顺、大智慧等软件）填写申购委托单，在开立资金账户的证券经营机构办理申购委托。

2. 确认中签并解冻资金

确认中签并解冻资金一般需要经过以下流程，如图9-1所示。

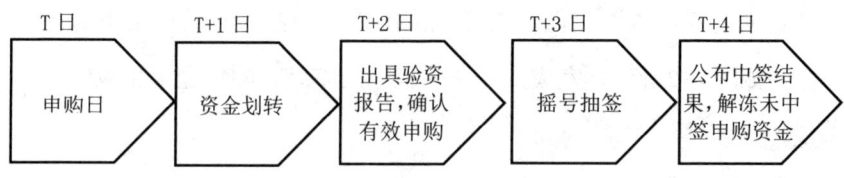

图9-1　确认中签并解冻资金的流程

3. 申购规则

封闭式基金采用上网定价发行的方式，以中华人民共和国境内的自然人、法人和其他组织（法律、法规及有关规定禁止购买者除外）为发行对象。发行面值为1元/份，并且每一账户的申购份数不得低于1 000份，超过1 000份的，须为1 000份的整数倍。同时，每一账户申购不设上限，投资者可以多次申购，但每笔申购不得超过99.9万份；同一账户多次申购的，将多次申购的数量全部累加后，对其申购进行连续配号。

4. 注意事项

已开设股票账户的投资者不得再开设基金账户。一个投资者只能开设和使用一个资金账户，并只能对应一个股票账户或基金账户，不得开设、使用一个或多个资金账户对应多个股票账户或基金账户申购。使用沪市股票账户或基金账户的投资者，必须在申购前办理完成上海证券交易所指定的交易手续。申购委托发出后，不得撤单。

封闭式基金的交易系统

封闭式基金的买卖类似股票的买卖,投资者可以通过交易软件进行封闭式基金的买卖操作。例如,同花顺软件、大智慧365软件等都可以作为投资者委托下单的交易系统。

我们以大智慧365软件为例,登录软件,选择页面上方的"委托",在"自助委托设置"页面,选择相应的委托券商,然后单击下载委托程序,如图9-2所示。完成委托交易程序的安装,即可登录相应的交易系统。

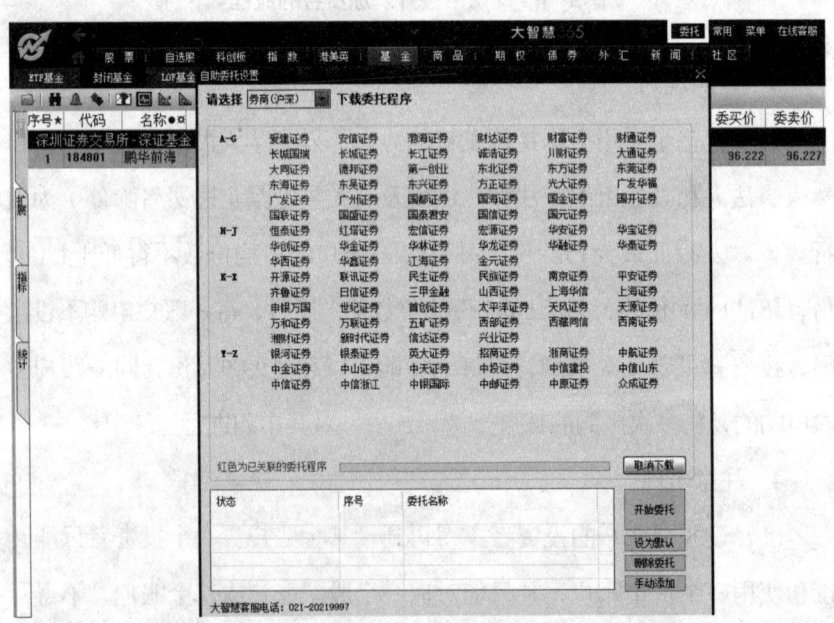

图9-2 大智慧365软件上的自助委托系统设置

第9章 封闭式基金：高回报满足场内交易者的需求

从盘面入手，了解封闭式基金的交易信息

投资者通过证券交易系统买卖封闭式基金时，需要借助证券交易系统的一些信息做出投资判断。下面我们介绍一些封闭式基金的看盘技巧。

了解封闭式基金盘面展示的各类信息

封闭式基金交易系统的盘面有丰富的信息，了解和分析这些信息，是进行封闭式基金交易的基础。如图9-3所示是大智慧365软件中鹏华前海万科REITS封闭式基金（基金代码：184801）的盘面图。

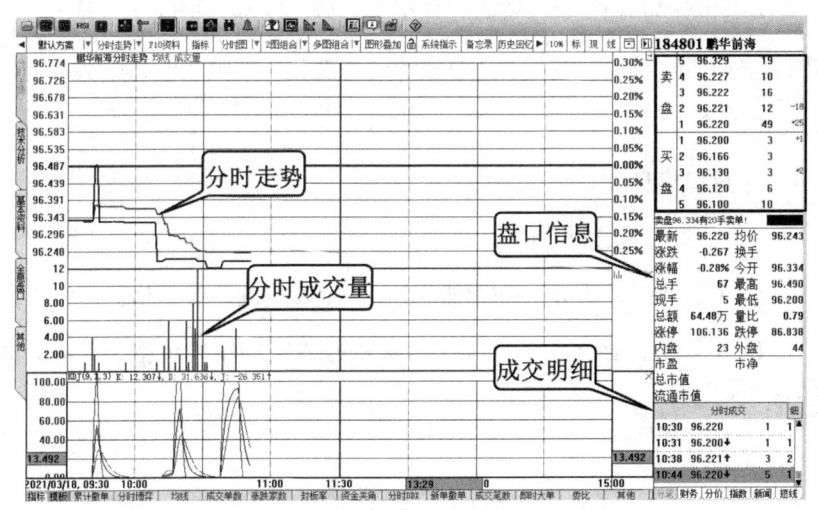

图9-3　鹏华前海万科REITS封闭式基金盘面

下面，我们就以鹏华前海万科REITS基金盘面为例来介绍封闭式基金盘面上的信息。

1. 卖盘

卖盘按照"价格优先，时间优先"原则，将卖出报价最低的价格排在最前面，如果价格相同，则谁先报价谁就排在前面。报价排序都由计算机自动计算，是绝对公平的。在卖盘中，比如卖1后面的96.220是卖出价格，其后面的49是卖出份数。

卖盘分为5档，是投资者委托卖出筹码的交易数据的动态显示区。5档卖盘中实时出现的卖出委托单量的动态变化，反映当时盘中卖出力量的变化。

2. 买盘

买盘也按照"价格优先，时间优先"原则，买入报价高的排在最前面，如果买入报价相同，谁先报价谁就排在前面。这同样由计算机自动计算，绝对公平。比如买1后面的96.200是买入价格，其后面的3是买入份数。

买盘也分为5档，是投资者委托买入筹码的交易数据的动态显示区。5档买盘中实时出现的买入委托单量的动态变化，反映当时盘中买入力量的变化。

3. 盘口信息

盘口信息中包含以下内容。

（1）最新：最新价，指刚刚成交的一笔交易的基金价格。

（2）均价：指当天开盘以来买卖双方成交的平均价格，计算公式如下：

$$均价 = \frac{成交总额}{成交量}$$

第9章　封闭式基金：高回报满足场内交易者的需求

（3）涨跌：指现在的最新价与前一天的收盘价相比，涨跌的钱数。

（4）换手：换手率，指当天开盘以来基金转手买卖的频率，可以反映基金流通性强弱，计算公式如下。

$$换手率 = \frac{开盘以来的成交量}{可流通总份额} \times 100\%$$

（5）涨幅：指现在最新的基金价格与前一天收盘价相比，涨跌幅度的百分数。

（6）今开：当日的开盘价，即当天第一笔基金交易的成交价格。

（7）总手：指当天开盘以来成交的基金总份额。

（8）最高：指当天开盘以来各笔成交价格中的最高价。收盘时"最高"后面显示的价格是当天的最高价格。

（9）现手：指当前成交的这一笔交易的成交量。

（10）最低：指当天开盘以来各笔成交价格中的最低价。收盘时"最低"后面显示的价格是当天的最低价格。

（11）总额：指当天开盘以后成交的总金额。

（12）量比：指当天开盘以后每分钟平均成交量与过去5个交易日每分钟平均成交量之比，计算公式如下。

$$量比 = \frac{现成交总手}{过去5个交易日每分钟平均成交量 \times 开盘以来累计开盘时间（分钟）}$$

（13）涨停、跌停：为了减少股市交易的投机行为而规定的股票每个交易日的涨跌幅度，在我国，沪深A股的涨跌幅限度为10%，每个交易日达到10%涨幅的就是涨停，当天不能再涨了；每个交易日达到10%跌幅的就是跌停，在跌停位不能再继续卖出。

封闭式基金的技术K线图

在图9-3中，我们已经看到了封闭式基金的分时走势（每一时点的价格变化情况），然后选择分时图左边的"技术分析"，或直接按"Enter"键，就可以进入这只基金的日K线页面，如图9-4所示。在默认情况下，我们在封闭式基金的K线页面中，可以看到日K线、均线、成交量、MACD指标，投资者可以自行设置K线、切换该基金的其他指标进行查看。技术分析中的相关内容，投资者可以查询技术分析的相关资料进行学习。

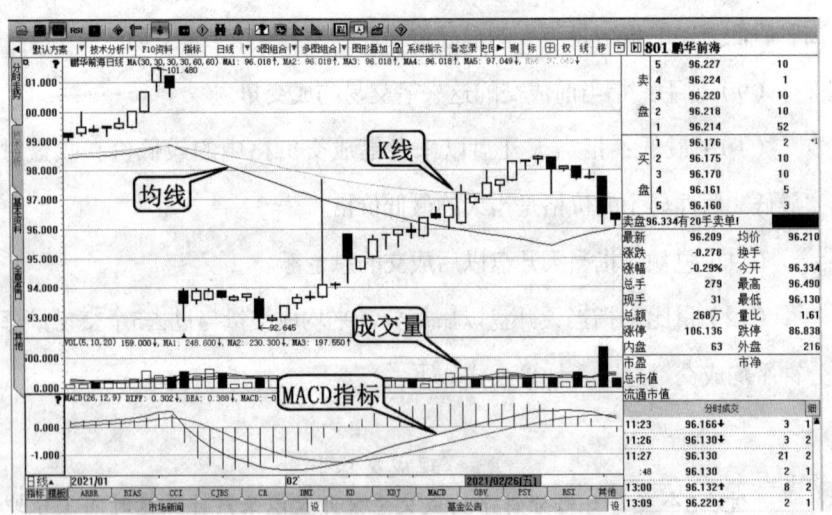

图9-4　鹏华前海万科REITS封闭式基金K线

根据折价率挑选封闭式基金

在投资封闭式基金时,有一个重要的指标——折价率,需要投资者多加关注。折价率是基金交易价格与基金净值之间的折价比率,类似打折出售基金时的折扣。如果某只封闭式基金的折价率为85%,则表示这只基金的基金净值与交易价格差为85%,即净值为1元的封闭式基金的交易价格为0.15。

封闭式基金为什么有折价率

为什么封闭式基金会有折价率呢?这主要是因为封闭式基金不能马上变现,就像商场中的东西卖不出去时商家进行打折促销一样。封闭式基金只有在封闭期结束之后,投资者才能收回基金份额,获取收益。而在封闭式基金的封闭期内,有可能出现基金净值下跌的风险,这时基金持有人就想把基金出售给别人,以实现风险转移。当基金持有人在转移自身风险时,还应给未来承担基金风险的基金持有人一定补偿,这就让封闭式基金有了折价率。

不同的封闭式基金,其折价率也不同。那些投资者普遍看好的封闭式基金,往往用很小的折价率就能找到买家,并且在行情向好时还会出现溢价①情况。而那些不被投资者看好的封闭式基金，通常会以"跳楼价"卖出，折价率往往很高。所以，折价率在一定程度上可以反映投资者对一只基金的认可程度。

此外，市场上封闭式基金的平均折价率能反映整个基金市场的投资热度。当平均折价率较低时，表示大量的投资者涌入基金市场，基金卖出者往往会抬高销售价格；相反，当平均折价率上升时，表示市场上的买入意愿不强，想要卖出基金的卖家迟迟找不到买家，便大幅度打折销售基金。

折价率由谁决定

折价率其实由投资者对基金的认可程度决定。这种认可程度受以下因素影响。

1. 基金管理水平

管理水平高、规模大的基金，持续盈利的能力更强，投资者买入这种基金的风险较小，对应的折价率也就较低。一般地，一些小规模基金公司发行的小盘基金或盈利能力差的基金，其折价率较高。

2. 市场行情

在牛市中，基金的盈利能力增加，市场人气聚集，因此会有大量投资者买入基金，进而推动基金市场价格上涨，基金的折价率也就较低。相反，在熊市中，基金的折价率就较高

3. 基金到期日

随着基金到期日的临近，基金净值出现大幅波动的可能性变小，此时，市场上的基金交易价格会慢慢接近基金单位净值，折价率相应地降

---

① 溢价：二级市场交易价格高于一级市场基金净值的情况。此外，还有折价，即二级市场交易价格低于一级市场基金净值的情况。

4. 分红潜力

分红意味着封闭式基金有一部分资金可以提前变现，这会使基金的交易价格上升。基金净值由基金业绩决定，基金业绩不会因为分红而增加。所以，封闭式基金出现大比例分红时，交易价格会向基金净值靠拢，折价率会降低。

5. 特殊事件

当基金出现"封转开""提前清算""要约收购""基金单位回购"等特殊事件时，交易价格会靠近基金净值，折价率会相应降低。

查看折价率，有效投资封闭式基金

对封闭式基金的投资者来说，折价率是一个重要的数据，折价率不能完全决定一只封闭式基金的优劣，但在投资的过程中，折价率可以作为一个很重要的投资参考。我们可以通过财经网站——和讯网来了解一只封闭式基金的折价率数据。进入和讯网，执行"首页"→"基金"→"基金净值"→"封基数据"命令，就可以查询封闭式基金的折价率数据，如图9-5所示。

图9-5 和讯网封闭式基金数据页面

封闭式基金本身是一种比较适合长期投资的产品，投资者持有该基金时，要做好长期投资的心理准备。在具体的封闭式交易过程中，投资者要注意以下交易技巧。

1. 看清封闭式基金的折价与溢价

封闭式基金的交易价格由市场供求关系决定，交易价格与净值之间的偏差对投资有重要影响。投资者要选择那些折价的基金进行交易，并且折价率越高，其所蕴含的价值回归趋势越明显。

2. 注意封闭式基金价值的兑换时间

封闭式基金价值兑换是一个相对漫长的过程，只有在封闭期结束之后才能全部兑现。投资者持有封闭式基金，只能选择现金分红方式，每一次的现金分红，都相当于将封闭式基金的一部分价值提前收回，因此，那些分红可能性大的基金更有投资价值。

第10章

组合投资：化解投资风险的利器

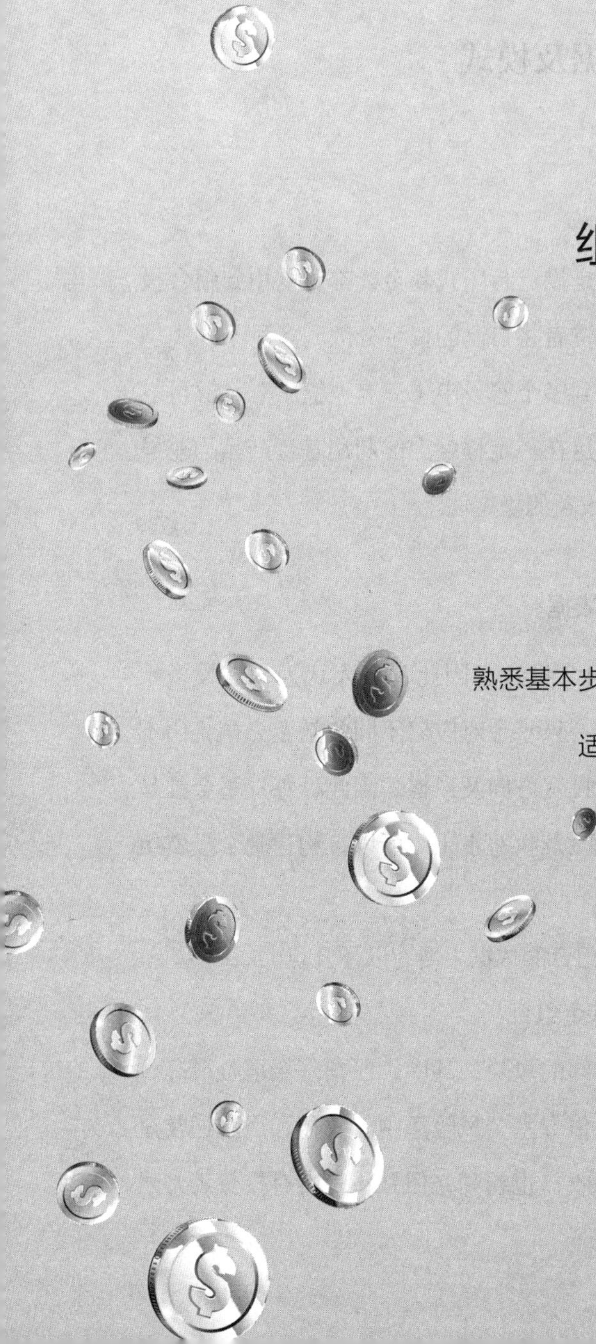

构建基金组合的基本依据及模式

熟悉基本步骤，构建适合投资者的基金组合

适时调整，保证投资组合的有效性

构建基金组合的基本依据及模式

无论是投资开放式基金,还是投资封闭式基金,都可以用到组合投资这种策略。组合投资就是让投资者将自己的资金分散到多种不同类型的优秀基金产品上,即把鸡蛋放到多个篮子中(只有"篮子"足够可靠时,才能将"鸡蛋"放进去),这在一定程度上能利用基金产品的差异性化解投资风险,从而保证投资收益的稳定性。

构建基金投资组合的基本依据

基金本身就是一种分散的组合投资,因此,有人认为构建投资组合的必要性不强。但事实上,每一只基金对应着不同的基金公司,由不同的基金经理管理,会有不同的投资方向及风格。因此,每只基金都是独一无二的,都面临着不同的风险及收益水平。所以,构建基金投资组合,在基金投资中显得很有必要。

一般来说,投资者构建投资组合的依据主要有以下几点。

1. 依据风险和收益来构建基金组合

不同类型的基金产品对应不同的风险,其中,股票基金风险最高,货币基金和保本基金风险最小,债券基金风险适中。收益和风险通常是成正比的,即风险越高,对应的收益也越高,但并不是所有投资者都可以承受高风险。因此，投资者要合理平衡各类型基金产品的投资比例，通过构建投资组合来平衡和分散基金投资风险。

2. 依据投资期限来构造基金组合

投资者要了解自己手中闲置资金可以运用的期限，以此来建立一些备选的候补基金。另外，当市场行情出现明显的大幅调整时，投资者也可以对自己的投资组合进行调整。

3. 依据投资者自身的特点来构造基金组合

投资者可以根据基金的特点、业绩等因素，并结合自身的投资风险偏好等，有针对性地选择基金产品进行组合投资。

投资者构建基金投资组合，通常是从不同基金产品的特性出发，以自身的经济实力为基础，秉承"不把鸡蛋放在同一个篮子里"的理念来进行的。

这里我们还要明确一个道理：只有在"鸡蛋"比较多的情况下，我们将其放在不同的篮子里投资才会更加安全；如果"鸡蛋"数量很少，那就没必要花费时间、精力将它们分散到多个篮子里。

常见的基金投资组合模式

投资者构建基金投资组合时，可以选择的模式有3种，分别是哑铃式、"核心+卫星"式、金字塔式，以下是对3种基金投资组合模式的介绍。

1. 哑铃式

哑铃式投资组合模式是目前市场上比较成熟的投资方法之一，其基本思想是同时投资两类风险收益特征反差较大的基金产品。例如，"股票基金+债券基金""大盘基金+中小盘基金""价值基金+成长基金"，如图10-1所示。

可以看出，哑铃式基金组合投资模式是一种集成长与价值、周期性与防守性并存的投资策略，组合中的两类基金，可以很好地规避市场波动带来的损失。

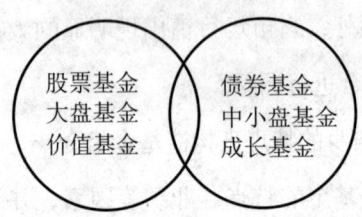

图10-1 哑铃式基金组合

投资者构建哑铃式的基金投资组合，后续的管理工作比较简单，能利用不同类型的基金形成优势互补。例如，如果投资者构建的是一个包含股票和债券的哑铃式投资组合，那么该组合就兼有成长性和稳定性的特点。在遇到股市上涨时，该组合能够利用股市获取较高的收益；在遇到股市不景气时，债市一般会有较好的表现，此时投资者同样可以获取较为稳健的收益。

2."核心+卫星"式

"核心+卫星"式投资模式也是一种相对灵活、稳健的基金组合方式。在"核心+卫星"式投资模式中，"核心"部分通常选择那些长期业绩出色并较为稳健的基金产品，这一部分基金产品确定之后，一般不再调整；"卫星"部分一般选择短期业绩突出的基金，这一部分可以根据组合的需要适时进行调整，如图10-2所示。

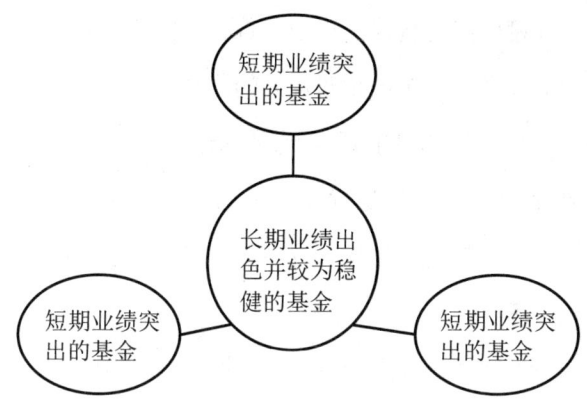

图10-2 "核心+卫星"式基金组合

"核心+卫星"式投资模式能够保障基金组合的长期稳定性,满足投资者灵活配置基金产品的需求,投资者一旦构建好这样的投资组合,就不需要再频繁地进行调整。

3. 金字塔式

金字塔式也是一种非常灵活、简单透明的基金投资组合模式,如图10-3所示。

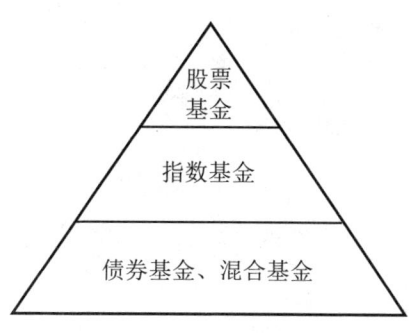

图10-3 金字塔式基金组合

在金字塔式投资组合构建过程中，首先，投资者要在金字塔的底部配置一些稳健的债券型基金或相对灵活的混合型基金。这一层就像金字塔的基石层，这些基金较低的风险能有效保证对应本金的安全。

其次，在金字塔的中间配置一些能够充分分享市场收益的指数基金。这一层就像金字塔的保值层，这些指数基金有着较为可靠的投资收益，风险也相对适中。

最后，在金字塔的顶部，配置一些高成长性的股票型基金。这一层就像金字塔的增值层，利用这些高成长性的股票型基金能有效博取高收益。

在金字塔式基金组合中，投资者还可以根据自己的风险偏好与投资目标，配置各类型基金的占比，以保证组合更加有效。

熟悉基本步骤，构建适合投资者的基金组合

构建基金投资组合，一般分为3个步骤。

第一步：确定一个明确的投资目标

在基金投资组合的构建阶段，投资者首先要做的是确定自己的投资目标。一般来说，不同的投资目标对基金投资组合的要求也不一样。例如，有些投资者的投资目标是在几年内积累一定的财富，完成自己购车、买房等资产配置需求，他们希望投资组合的收益率更高一些；有些投资者是为了能够积攒一些养老金，他们希望投资组合的收益更加稳健一些；等等。因此，人们对投资组合的目标要求往往是从实际需要出发的。

在确定具体的投资目标时，人们一般会从风险偏好、年龄结构、资产状况等因素出发来构建适合自己的投资组合。考虑这些因素是为了构建出风险更小、收益更有保证的基金组合。下表中是常见的基金投资组合类型，在构建基金定投组合的过程中，投资者也可以参考这些组合类型来构建适合自己的投资组合。

表10-1 基金投资中的风险组合类型

基金组合类型	具体结构 / %					适宜对象
	现金	股票基金	混合基金	货币基金	债券基金	
保值型组合	20	10	10	10	50	风险承受能力低、期望资产保值、投资目标实现周期较短的投资者
保守型组合	10	20	10	15	45	风险承受能力较低、期望资产稳步增值、投资目标实现周期较短的投资者
平衡型组合	5	35	15	0	45	具有一定风险承受能力、期望资产快速增长、投资目标实现周期较长的投资者
成长型组合	5	40	15	0	40	风险承受能力较高、期望资产快速增长、投资目标实现周期较长的投资者
进取型组合	5	55	10	0	30	风险承受能力高、追求较高的价值增长且投资目标实现周期长的投资者

第二步：选择核心组合基金

投资者确定了适合自己的基金组合类型之后，接下来就要为组合选择一些核心基金。投资者在选择定投的核心基金时，可以把视角放在全市场类、大盘类指数基金或股票基金上。

通常，针对投资目标，投资者可选择3～4只业绩稳定的基金作为组合的核心基金，这些核心基金决定着投资组合的长期业绩表现。在投资组合的核心基金确定之后，一般要保证这些核心基金不变，也就是投资者无须再增加过多的核心基金种类，而是根据市场表现及自身的闲余资金规模，适时地增加这些核心基金的投资额度，这更有利于保持投资组合的稳定以及业绩表现的稳定。

第三步：配置非核心组合基金

一个投资组合中除了核心基金之外，还可以配置一些非核心基金，这更能实现多样化投资，有效分散风险。一般地，行业基金、新兴市场基金、小盘基金等可以作为基金组合的非核心基金。

投资者配置非核心基金时，要注意这些非核心基金的风险大小。一般情况下，非核心基金具有较高的投资风险。因此，投资者在挑选非核心基金时，也需要基于多样化的考虑，挑选多种类型的基金作为非核心基金，以从整体上化解投资组合的风险。

投资者在构建基金投资组合时，并不是组合中基金的数量越多越好，而是组合中每只基金的差异化程度应该更加明显。投资经验表明，一个有效的基金投资组合，配置的基金数量最好不超过5只，这更便于投资者打理基金投资组合，确保基金组合保持长期稳定的业绩。

适时调整，保证投资组合的有效性

构建好基金投资组合之后，并不是说基金组合就固定不变了。其实，随着投资者投资技术的逐步成熟，甚至年龄阶段的变化，最早构建的这些基金投资组合可能会出现不适应投资者或市场变化的情况。因此，投资者还可以在组合构建之后，对其进行适时调整，以保证投资组合的有效性。

做好定期的组合检查工作

要对投资组合进行调整，定期（一般以一年为一个周期）的检查工作是少不了的，只有通过定期检查，才能发现投资组合出现了什么问题。通常通过以下层面来检查投资组合。

1. 组合的资产配置层面

资产配置层面的投资组合检查就是对组合中各类基金资产的比例进行检查，看是否有一些种类的基金资产比例出现了上升或下降的情形。如果是，那么投资者就要在后续的调整中通过资产再平衡——买入或卖出某一类比例失调的基金产品，来让组合中的基金资产配置达到再次的稳定。在资产再平衡的过程中，投资者可以卖出价格上涨的资产类别，买入价格下跌的资产类别，以降低投资组合的风险暴露程度。

2. 基金甄选层面

基金甄选层面的投资组合检查就是从基准化的视角出发，通过了解组合的以下情况，来对组合的投资回报和表现出的风险情况与最初的预期做对比。

（1）投资组合中每只基金的现状是否与基金招募说明书中载明的投资目标一致。

（2）投资组合的投资回报是否达到了市场基准水平。

（3）投资组合是否存在偏离投资目标的其他情形。

（4）是否需要对投资组合做调整。

基于这两个层面的投资组合定期检查，实际上是对投资组合的市场表现、业绩表现做回顾和总结，以发现投资组合中各基金的表现、特征、基本面是否出现偏差，以便及时调整，从而确保投资组合最大化地实现投资者的目标。

一些调整基金组合的常用方法

对投资组合进行调整，可以及时化解投资风险，提升投资收益。投资者可以使用以下方法来调整投资组合。

1. 组合品种与形态的多样化调整

在基金投资组合中，基金品种与形态应该多样化，不能过于单一，这样不仅可以规避风险，还对保障投资者的本金安全有一定的作用。投资者可以通过以下原则来对投资组合的品种与形态多样化进行优化。

（1）保持产品的不相关性，配置不同类型的基金产品。

（2）让组合能够达到一个攻守平衡的优化投资结构。

（3）购买具有抵御市场风险的混合或保本型基金产品。

2. 组合产品灵活化调整

组合产品灵活化调整，就是优化基金组合的灵活度，一般有以下三种方法可以使用。

（1）结合各个产品的表现，不能只关注某只基金的净值变化。

（2）找出组合中各品种的差距，进行有针对性的调整。

（3）根据市场基金的变化进行适当的调整与优化组合。

3. 组合收益持续性调整

在不同的市场中，投资组合的调整也有不同的策略。所以投资者在调整基金投资组合时，还要考虑当时的市场状态。一般地，在熊市和牛市中，调整基金组合可以使用以下策略。

（1）熊市中的投资组合调整策略：以保证为主，即投资者要将组合中的基金资产调整为货币基金和债券基金为主，这不仅可以保本，还能获得超过银行利息的收益。

（2）牛市中的投资组合调整策略：配置好指数基金、股票基金、平衡型基金、债券基金，即投资者的基金组合中只需要纳入4只基金，其中，指数基金占40%，股票基金占25%，平衡型基金占20%，债券基金占15%。

无论投资者做出什么样的基金投资组合调整措施，都要与投资者的风险承受能力相匹配，选择多只不同类型的基金进行投资组合的构建与调整，这样才能获取更高的投资收益，早日实现投资目标。

第11章

基金定投：定期投入累积大额收益

- 学习基金定投的基础知识
- 精挑细选，用合适的基金产品做定投
- 3种加仓技巧，获取下跌市场中的基金份额
- 估值止盈+最大回撤止盈，锁定投资收益

学习基金定投的基础知识

基金定投是一种非常重要的基金投资方式。所谓基金定投，就是根据投资者的投资目标及投资计划定期进行一定数额的基金投资。目前，很多投资渠道都可以进行基金定投设置，即在设置好定投的扣款日期、扣款额度之后，每当到了扣款日，定投系统会自动完成扣款，无须投资者操作。正是基于此，人们认为基金定投是一种省时、省力、省心、简单、轻松的投资方式。此外，基金定投也是一个有计划、有纪律的长期投资过程。

基金定投就是定期投资

基金定投，就是定期进行基金投资。在基金定投中，定投的日期可以是：每日定投（每个工作日）、周定投（在每周的周一到周五之间选择一天）、双周定投（在双周的周一到周五之间选择一天）、月定投（在一月当中选择一天）。

如图11-1所示，在天天基金App中，投资者定投某只基金时，会看到两种定投方式，分别是普通定投和慧定投（慧定投对应3种定投策略，分别是目标止盈定投、移动止盈定投、慧定投），投资者可以选择其中的一种定投方式，通过设置扣款日期、扣款金额等，来开启基金定投计划。

第 11 章　基金定投：定期投入累积大额收益

图11-1　基金定投基本设置

投资者可以根据自己的资金状况以及投资目标等，来设置自身的定投额度与定投频率（周定投、月定投等）。当投资者设置好定投的金额及日期后，一般不需要再花过多的时间和精力来观察基金在市场上的具体表现，只要到了定投的扣款日，资金就会自动划转，从而购买到一定的基金份额。

定投的出现，克服了单一的时间限制，让投资的时机选择变得更多，同时也让资本更加平均化。例如，当市场处于高位时，投资者一定的定投金额购买到的基金份额较少，而当市场处于低位时，投资者一定的定投金额购买到的基金份额就相对较多，这样总体的基金份额数就不会受太大影响。

做基金定投，就好比我们缴纳基本养老保险。基本养老保险缴费期限一般是累计缴满15年，在这15年中，我们就是在做养老保险的月定投，达到法定退休年龄时就可以按月领取基本养老金，从而保证退休后的生活无忧。基金定投就是这样一种理财思路，当下可以小额定期地投入，按计划投资一定的年限，投资期结束之后，投资者就可以享受定投投资期带来的收益。

基金定投的两个重要作用

对很多投资者来说，坚持基金定投是一种有效的理财方式，而且通过投资实践人们也发现基金定投还具有以下两个重要的作用。

1. 强制储蓄

定投的本质相当于定期储蓄，只要投资者设置好了定投计划，那么到期就会自动扣款作为投资基金。这就为投资者省去了很多麻烦，让投资者主动将一部分资金投入理财场景。所以基金定投这种理财方式也算是投资者对自己财富的一种规划，让其主动打理自己的钱财，参与到投资理财的队伍中。

2. 保值增值

保值增值主要与定投的复利效果有关，即投资收益可继续投资获利。在复利机制的作用下，投资者将每月闲散的资金以定投的方式投资到基金中，有助于其在投资结束后积攒一笔可观的收益。

基金定投的优势

基金定投被越来越多的投资者接纳，无论是投资新手，还是投资老手，都对基金定投抱有很大的信心，也非常享受这种轻松简单的投资模式。所以，基金定投还有一些非常独特的优势，如图11-2所示。

图11-2 基金定投的优势

1. 不用过多地考虑投资时点

对于投资者来说，定投基金，一般不需要过多地考虑什么时候应该入场的问题，尽管投资的基本原则是"低买高卖"，但基金定投是一种定期的、分批买入的投资策略，会自动摊薄基金投资成本，一般没有投资时点的要求。

2. 小额投资

很多基金定投的起点都比较低，不会给投资者造成较大的财务压力。当有闲钱时，几百元钱就能实现理财。

3. 简单方便

随着基金投资渠道的丰富，有一部智能手机，再掌握一些基本的基金理财知识，投资者就能选择在自己最方便的渠道进行基金定投。同时，基金定投只要设置好之后，投资者无须时常盯着基金走势，只要能利用空闲时间掌握所投资基金的大体走势即可。此外，定投计划的管理工作也非常便捷，投资者对自己的定投计划不满意时，可以在手机端或者电脑端随时做一些修改。所以，整体上，基金定投是一种非常简单方便的理财方式。

精挑细选，用合适的基金产品做定投

市面上的基金产品种类繁多，无论是场内还是场外，都分布着不同类型的基金产品，但并不是所有基金都适合做定投。因此，我们还需要从基金定投的本质出发，选择那些合适的基金产品做定投，这样才能获取更高的投资收益。

了解基金定投的本质

与一般的基金投资一样，基金定投同样是一种适合长期投资的理财方式，很多成功的投资人士一直强调长期定投，通过长期的积累以及复利投资机制，能够放大原始投入资金的倍数，从而在未来获取可观的投资收益。投资者在使用基金定投策略时，要理解基金定投的本质，这对投资者执行基金定投计划有很好的帮助。

1. 任何时候都是基金定投的入场时间

基金定投对入场时间没有限制，投资者越早入场越好。这是因为，定投作为一种长期投资方式，无论投资者选择在多低位时做投资，市场价格都不可能一直保持最低。同时，历史数据显示，投资者开始定投的时点不重要，重要的是定投时间的长短，当定投时间足够长时，往往能带来更可观的收益。

2. 定投对基金净值高低没有太多的要求

在定投基金时，投资者可能还会关注基金净值的高低对投资收益的影响。对很多投资者来说：在购买一只单位净值较高的基金时，直观的感受就是这只基金贵，一定的成本买到的基金份额较少；在购买一只单位净值较低的基金时，就会认为这只基金便宜，一定的成本买到的基金份额较多。那么，到底是不是这样呢？

其实，这里是在探讨投资回报率的问题。假如有3只基金A、B、C。基金A净值3元，基金B净值2元，基金C净值1元。我们向这3只基金各投1万元，那么获得的基金份额各不相同，但是它们的市值是一样的，都为1万元。当持有一段时间之后，这3只基金的净值都上涨了10%，那么这3只基金的市值仍然相同，都为11 000元，获得的投资收益都为1 000元，即投资回报率均为10%。

可见，只要基金的业绩表现相同，即使是净值不同的基金，最终获得的收益率依然是相同的。因此，投资基金时，不要根据基金净值的高低来判断一只基金是贵还是便宜，而要看这只基金最终的投资回报率。只有能为我们带来高投资回报率的基金，才是我们要选择的基金。另外，基金份额净值与供求关系无关，而是由基金公司的经营业绩和初始份额净值决定的：基金成立时间越早，基金运作时间越长，净值就会越高；基金分红越多，基金的单位净值反而会越低。

3. 市场波动是基金定投获利的关键

在投资实践中，我们发现，做基金定投实际上就是追踪市场的"微笑曲线"（市场走出一波先下跌后回升的行情）。市场要完成一个大的微笑曲线，一般需要几年的时间。如果遇到熊市，3~4年都是常有之事；如果遇到牛市，也会短到1~2年。所以，在做基金定投时，投资者不要过分畏惧市场波动，市场波动其实是在为投资者创造机会。如图11-3所示，投资者如果在下跌行情中开始基金定投，那么随着市场的下跌，投资者可以逐渐增加定投额度，趁着市场处在低位，买入更多的基金份额；当低位结束，市场进入高位时，投资者还可以逐步减少定投额度，然后跟随市场上涨，寻找合适的时机卖出，这样投资者就算是利用市场的微笑曲线做成了一次成功的基金定投。可以说，基金定投就是微笑曲线投资，波动幅度越大的基金，越适合做定投。

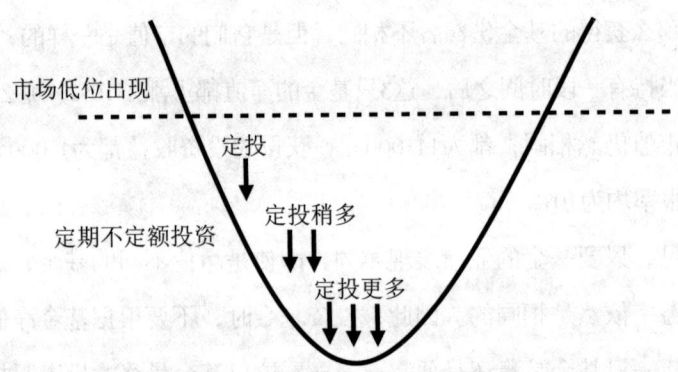

图11-3 微笑曲线下的投资原理

依据五大原则，挑选合适的定投产品

基金定投取胜的关键是选到好基金。基金是一种相对稳健、风险适中、适合普通投资者的投资工具，如果拥有一只好基金，那么坐等基金定投的高收益就是一件非常容易的事了。因此，投资者在挑选定投基金时，可以借鉴以下5大原则。

1. 对准全行业基金

挑选定投基金的第一个原则是选择投资全行业的基金产品。这里的

"全行业"指某只基金投资的股票、债券等涉及的行业广泛、分散。

例如,一些跟踪沪深300指数、中证500指数等的指数基金就是典型的全行业基金产品。之所以建议投资者选择全行业基金产品,这与全行业本身有一定的关系。

首先,大部分行业具有周期性。行业跟证券市场一样,也会经历周期性的波动。例如,有的行业会在某几年处于低迷状态(熊市),而随着行业的发展,政策改进、技术进步等要素的作用,行业也会复活,进入牛市。所以,如果投资者选择单一的行业进行投资,那么在较长的投资期限中,往往很难把握行业走势,因而选择全行业基金产品进行投资,收益会更有保证。其次,新兴产业会不断涌现,带来广泛的产业红利。放到投资界,如果投资者将投资视角放在传统的单一产业当中,那么他们很有可能会错过新兴产业带来的市场红利。

总体来说,定投全行业基金产品,能让基金产品的抗风险能力更强,更好地平衡一些非系统性风险的干扰,使基金产品有更大的上涨空间。

2. 偏股型基金可以作为投资重点

基金产品的投资标的不同,其对应的投资收益也会有较明显的差异。在各类型的基金产品中,如果投资标的中股票的占比大,那么它就是偏股型基金。

偏股型基金本身就与股市紧密相关,收益优势明显,但风险也较高。而混合型基金,投资标的主要为股票和债券的混合,其投资收益与风险稍逊于股票基金,所以对于普通的风险中立者而言,它可以作为定投对象。此外,指数基金的跟踪标的是股票指数、债券指数等,实际上就是一种被动型股票基金,收益同样可观,也适合做定投。

综合来看，投资偏股型的股票基金、混合基金、指数基金，预期的投资收益会更好。

3. 看好长期业绩突出的基金

长期业绩表现突出的基金可以称为"长跑健将"。投资者在挑选基金时，可以关注这些"长跑健将"。投资者可以借助与基金业绩相关的四分位排名等业绩指标来判断基金的长期业绩表现。

例如，图11-4所示是某只基金的四分位排名。投资者在看基金的四分位排名图时，可以先看基金的长期业绩排名，然后看短期排名。因为基金定投是一项长期的投资活动，关注基金的长期表现是我们的投资需要。此外，基金评级也经常被投资者用来衡量基金的业绩表现，但需要注意的是，基金评级是由过去的数据得出的，基金过去的业绩表现并不代表未来会有同样的表现，因此基金评级只能作为投资者选择基金的一个参考。

阶段涨幅 季度涨幅 年度涨幅							截至 2021-03-19	更多>
	近1周	近1月	近3月	近6月	今年来	近1年	近2年	近3年
阶段涨幅	2.58%	-11.25%	-3.97%	-0.67%	-17.50%	43.21%	45.98%	47.60%
同类平均	-1.66%	-10.33%	-0.29%	3.17%	-3.38%	36.45%	34.87%	27.76%
沪深300	-2.71%	-13.35%	0.14%	5.70%	-3.92%	39.51%	30.60%	22.90%
跟踪标的	2.73%	-11.97%	-4.95%	-3.36%	-18.95%	31.41%	26.41%	27.45%
同类排名	9|1343	631|1303	965|1238	820|1182	1237|1252	371|1038	242|745	97|569
四分位排名	优秀	良好	不佳	一般	不佳	良好	良好	优秀

图11-4 某基金的四分位排名

4. 选择中规模基金

投资者在挑选基金时，规模不宜过大。在基金投资圈中流行着这样一句话"规模是收益的敌人"，即基金规模越大，收益反而越低。当然，这是一种相对片面的认识，投资者要区分对待。因为，对主动型基金来说，规模越大，投资操作难度就会越大，同时大规模也对应着较高的基金管理成本。例如，对于一只200亿元规模的主动型基金，即使基金经理用其中的1%（2亿元）去买进某只股票，对应的建仓难度也还是比较大的，而且大规模的建仓行动，很容易被市场散户和机构投资者跟进，容易将股价抬高，从而使基金最终的收益受到影响。而指数基金这种被动型基金往往是基金规模越大越好，这样其追踪标的指数的准确性会更高，从而收益也会更明显。

所以，那些20亿~80亿元规模的基金，相对来说更适合进行基金定投。

5. 买入高波动基金

基金定投就是利用市场波动来摊低投资成本，获取高收益。基金波动越明显，越有利于摊低投资成本，这样更能帮助投资者获取可观的投资收益。所以，挑选定投基金时，我们可以选择那些波动幅度较大的股票基金、指数基金来构建定投组合，进而利用其波动来获取市场收益。

3种加仓技巧，获取下跌市场中的基金份额

关于基金定投，人们总结道："越跌越买"，即在下跌市场中，只要投资者所选择的基金足够优秀，那么就可以逐步增加基金的买入额度，以为未来的市场上涨做好准备。关于下跌市场中的加仓，一般有3种方法可以使用。

金字塔加仓法

1. 正金字塔加仓法

正金字塔加仓法是指在投资过程中，随着价位的降低，用较多的钱买入较多的基金份额；随着价位的升高，用较少的钱买入较少的基金份额。图11-5所示为正金字塔加仓法的应用。

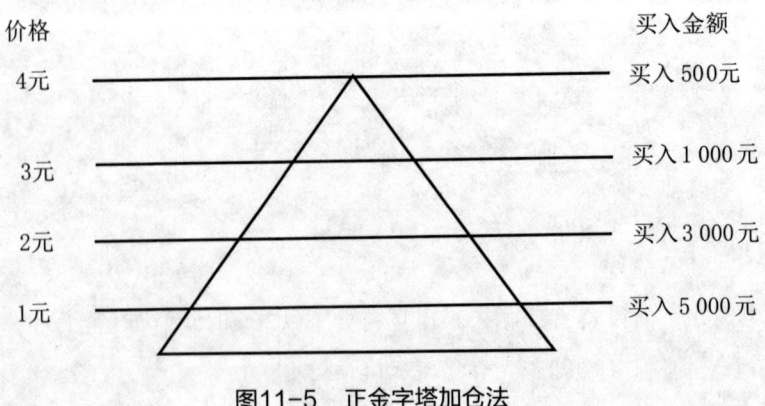

图11-5　正金字塔加仓法

2. 倒金字塔减仓法

与正金字塔加仓法相对应的是倒金字塔减仓法。倒金字塔减仓法指随着价位的上升，卖出的基金份额数量逐渐增加，从而赚取更多的差价收益。图11-6所示为倒金字塔减仓法的应用，倒金字塔减仓法主要应用在上升行情中。当市场行情开始上升时，如果投资者的预期收益已经实现，那么当基金净值开始上升时，就需要及时止盈，避免随着时间的拉长，市场再次出现下跌。所以，在上涨行情中，投资者可以适时地采用倒金字塔减仓法降低仓位，获取投资收益。

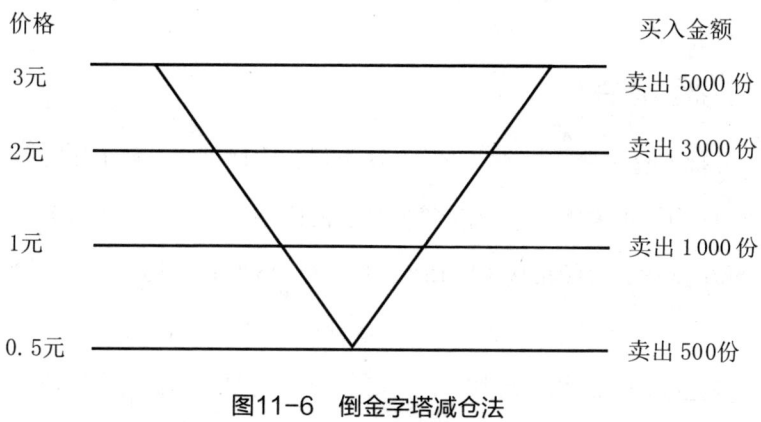

图11-6 倒金字塔减仓法

3. 金字塔加仓法在定投中的应用技巧

在基金定投中，金字塔加仓法就是随着基金净值的下跌，逐渐买入更多的基金份额，来为自己赢得更多的筹码。那么，投资者具体要怎么操作呢？

（1）定比例加仓。这就需要投资者具有预测未来行情的能力，即投资者根据预测的总跌幅来确定准备加仓的次数，以及每次加仓的比例。

例如，当投资者预测未来市场将要下跌30%时，其准备加仓的次数为6次：当市场下跌5%时，第一次加仓；当市场下跌10%时，第二次加仓；当市场下跌15%时，第三次加仓；以此类推，直至市场下跌到30%，进行最后一次加仓。在加仓的过程中，随着下跌幅度的增大，投资者的加仓数量会逐次增加。

（2）技术指标加仓法。这是将技术分析中的一些反映超买、超卖的技术指标（MACD指标、KDJ指标等）和金字塔加仓法结合起来，通过综合运用来确定加仓时机的一种方法。投资者定投指数基金、ETF联接基金时，可以采用技术指标加仓法来分析这些基金关联的指数特征，进而确定加仓时机。此外，投资者一次性投资ETF基金等时，也可以使用技术指标加仓法来确定加仓购买时机。

分批加仓法

分批加仓法其实与金字塔加仓法类似，同样是在下跌市场行情中，根据每次下跌的幅度，来确定需要加仓的比例。例如，投资者第一次买入仓位的30%，后续市场下跌15%，继续补仓30%；市场再继续下跌，再继续补仓40%。这样就能通过下跌市场分批买入补满仓位。

在定投中，使用分批加仓法时，投资者需要根据自己在这段下跌市场中的购买计划行事。首先要根据自己的资金规模确定可以买入多高的仓位，然后是根据市场的下跌情况分批次补仓。

分批加仓法能帮助投资者在市场低位吸纳基金份额，从而有效分摊投资成本，是定投过程中非常巧妙的加仓技巧。例如，有些投资达人根据实际的投资情况发现，当定投基金下跌30%时，一般是补仓良机，投资者可以将自己的补仓资金分为三等份，此时先单笔加仓1/3的资金；如果基金继续下跌10%，那么就可以开始第二次加仓，再加仓1/3的资金；如果基金再继续下跌10%，那么第三次补仓机会来了，可以将剩下的1/3的资金再继续补进来。

投资者在下跌行情使用分批加仓法完成加仓后,就可以继续按原有的投资计划进行基金定投,坐等市场反转和价格高位的到来。

网格交易法

如果投资者面临的市场既有下跌,又有上涨,一直处于震荡状态,那么就可以采用网格交易法。网格交易法的关键是捕捉市场行情,在市场下跌时可以买进,在市场上涨时适时卖出,这对惧怕长期下跌市场的投资者来说,是比较实用的定投方法。网格交易法能让投资者在长期定投的过程中边定投边赎回,以减少自己的损失。

采用网格交易法捕捉市场行情时,隔一定的点数设置买点与卖点。这与金字塔加仓法及分批加仓法有一些相通的地方,只不过该方法更加机械一些,是根据已经设置好的点位进行相应操作:在市场下跌时分档买入,在市场上涨时分档卖出。因此,网格交易法更加适合定投那些行情震荡比较剧烈的基金,如图11-7所示。

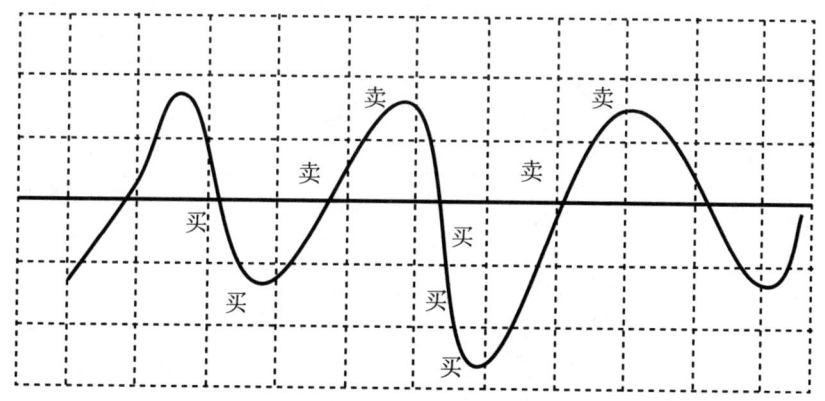

图11-7　网格交易法展示

网格交易法如何应用，我们通过一个例子来了解一下。例如，有10万元资金，根据基金净值的历史最高价和历史最低价确定20个格子，每个格子各分得5 000元。控制当前净值在最高位往下数第几个格子开始建仓，建仓资金就是格子数乘5 000元。

投资经验表明，网格法对资金的利用率很低，收益率不会太高，所以选择的基金净值的最高价与最低价的差值不要太大。一般要求网格的数目最少不少于15格，最多不超过30格。

这些基金投资的加仓技巧，投资者可以根据自己的适用程度和使用习惯来选择，并根据自己的投资经验对加仓比例和市场下跌幅度进行把控。可以说，没有非常完美的加仓技巧，只有适合投资者的加仓技巧。

估值止盈+最大回撤止盈，锁定投资收益

在基金定投中，投资者除了要学会加仓之外，还要学会及时止盈锁定投资收益。投资中常用的止盈技巧比较多，比如我们前面提到的目标收益率止盈技巧，同样可以应用到定投基金的止盈过程中。同时，估值止盈法、最大回撤止盈法，也是基金定投中经常使用的止盈技巧。

估值止盈法的使用介绍

估值止盈法的原理是根据历史数据对市场的价值进行预估，如果估计的市场价值过高或接近历史转折点，说明股市的转折点即将到来，此时就要准备赎回基金，及时止盈。估值止盈法中用到的判断指标一般是市盈率，即设定一个目标市盈率，在达到目标市盈率之后赎回基金。

1. 估值止盈法的操作要领

估值止盈法的原理是在基金产品被高估时及时卖出，从而获取理想的投资收益。估值止盈法较常用的指标是PE，此外，PB有时也会用在估值止盈法中，这里我们就以PE为例对估值止盈法的操作进行介绍。

一般来说，在牛市中，PE的值较高；在熊市中，PE的值较低。例如，图11-8所示的是中证500指数的历史PE走势。从图中可以看出，在

2007年、2009年和2015年的大牛市中,中证500指数的PE值均表现出了规律性的上涨和下跌,同时PE值都超过了80点的位置。所以,按照这样的规律,中证500指数的PE值有可能在下一波牛市中继续上涨并超过80点。

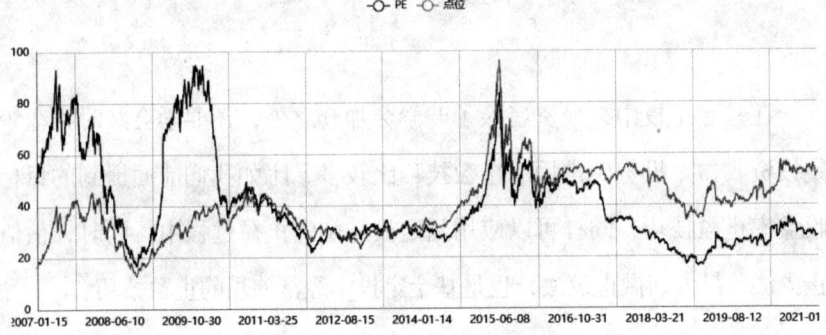

图11-8　中证500指数的历史PE走势

基于此,对于我们投资的中证500指数基金产品,在设置估值指标时,可以设置3个止盈标准,分别为PE=70,PE=80,PE=90,即当PE上升到70、80、90时,就可以赎回部分或全部基金。

从中证500指数的走势可以看出,当止盈市盈率设置得越高时,如果投资者定投的次数相同,那么相应的定投收益率会更高。不过在这一过程中,要达到较高的市盈率,通常要花较长的周期,同时指数的走势也有不确定性,并不能保证在下一次牛市到来时仍达到前一次的高度。因此,投资者在使用估值止盈法投资指数基金时,要注意以下4点。

(1)选取估值指标时,可以重点考虑市盈率指标。

(2)不同板块的基金产品的估值范围一般不同,投资者要结合历史点位和估值走势，选择与自身风险偏好相适应的止盈策略。

（3）在实施高位止盈策略时，也要关注风险，风险与利益是共存的，只有低位多投，高位少投，才能在高位卖出时获取更丰厚的收益。

（4）在高位阶段，如果投资者把握不好被高估的程度，可以选择分批卖出的策略。

2. 估值止盈法的优缺点

估值止盈法比较适用于指数基金的投资，投资者只要研究相关指数基金跟踪指数的市盈率变化趋势及规律，就能根据市盈率设置相应的止盈点，进而跟随市场变化适时卖出基金。但估值止盈法也有一定的适用局限，这里我们就对估值止盈法的优缺点进行归纳。

估值止盈法的优点：（1）牛市收益高。如果投资者可以把握市场行情顺利进入牛市，那么投资者就能取得较高的收益。并且采用红利再投资时，会有更高的收益。

（2）长期持有时，投资者可以享受到投资品种本身盈利上涨带来的收益。一些优质的策略指数、红利指数、行业指数、主题指数等，其每年的盈利增长可以超过10%，如果长期持有，投资者就可以根据指数的上涨规律，设置更高的止盈收益率，等待市场高点卖出。

估值止盈法的缺点：（1）并不是所有的指数都适用估值止盈法。估值止盈法只有用在估值指标（市盈率）变化规律明显、有周期可循、牛市估值可预测的指数上时，才能发挥出最好的止盈效果。

（2）估值指标受一些因素的影响可能会使估值出现不确定性。止盈点的确定有较高的难度，投资者要结合指数标的股票对应公司未来的经营情况、行业成长空间等综合判断。

其实，估值止盈法只是一种止盈策略，并不是绝对的，投资者如果觉得不适合，或者觉得估值止盈法的操作难度较大，可以寻找更适合自己的止盈策略。

最大回撤止盈法的使用介绍

最大回撤止盈法是牛市中常用的一种止盈方法。最大回撤也称为最大回撤率。所谓最大回撤率，是指在选定周期内任一历史时点往后推，基金净值出现最高值之后，向下回落到一个最低点，这个最低点相对于最高点下降的幅度就是最大回撤数值，也就是最大跌幅的绝对值，通常用百分数来表示。

最大回撤是一个风险指标，用来描述买入的基金产品可能出现的最糟糕情况。

1. 最大回撤止盈法的操作要领

在牛市中，要想使用最大回撤止盈法，就要先选定一段时间测算出最大回撤幅度；再确定一个投资者满意的定投累计收益率作为止盈的信号；最后，每日监测基金净值（指数收盘价）的回撤，一旦定投累计收益率达到止盈信号的目标值，且回撤幅度大于所设最大回撤阈值时，就可以清仓，锁定定投的收益。

例如，有投资者定投跟踪沪深300指数的基金产品，以累计收益率达100%为止盈信号线，考虑回撤。选择月定投并坚持定投，当定投收益率超过100%时，就需要监测这个收益率时点的基金净值往后发生的最大回撤，在触发最大回撤时开始对这个时点之前的基金份额进行止盈。此时，定投计划并不终止，仍然按照月定投的频率继续，直到收益再次达到100%时，再开始监测，如此循环往复操作，能够利用好牛市，尽可能实现最大投资收益。

在使用最大回撤止盈法时,最大回撤阈值的设定对止盈收益有着重要的影响。例如,在投资者定投跟踪沪深300指数的基金产品时,发现在最大回撤阈值从5%增加到15%的过程中,定投收益率会出现下降趋势。当然,这只是针对跟踪某一指数的一种投资经验,并不能代表对所有指数都有效。因此,投资者给指数基金设置最大回撤阈值时,可以参考历史定投收益的变化趋势设置一个相对合理的数值。不过,需要注意的是,若最大回撤阈值设置过大,那投资者面临的风险也会相应增大。

2. 最大回撤止盈法的局限

(1)只有相对合理的最大回撤阈值,难以确定最佳的最大回撤点。当设定的阈值较小时,投资者容易错失之后继续上涨的牛市;当设定的阈值较大时,投资者承担的风险相对更高。所以,市场走势的不确定性让最大回撤阈值设置存在一定的难度,投资者需要谨慎对待。这也意味着,投资者使用最大回撤止盈法时,往往不能卖在最高点,通常是卖在最高点之后的相对高点。

(2)对参考的止盈信号设置有一定的限制。在定投中使用最大回撤止盈法,当参考的止盈信号线设置得过高时,经常会错过一些小牛市的收益率。例如,投资者将累计收益率设置为100%,这就会错过收益率为80%~90%的收益机会。因此,投资者要根据所投资产品的特性及自己对收益率的预期来合理设置止盈信号,以充分发挥最大回撤止盈法的作用。

在基金定投中,我们主要介绍了估值止盈法和最大回撤止盈法,此外，我们在前面还介绍了目标收益率止盈法。这三种止盈方法其实可以普遍应用到基金投资中，投资者可以根据自己的使用习惯以及对这些方法的理解程度，选择更加适合自己的止盈方法，在必要的时候及时止盈，以获取有效的市场收益，避免亏损。

第12章

实用投资技巧：用好基金获取高回报

- 顺应行情，用适宜的基金赚取投资收益
- 关注基金定期报告，看懂基金的信息披露
- 理解彼得·林奇七大投资法则，做好长期投资

顺应行情，用适宜的基金赚取投资收益

做投资，实际上就是在与市场博弈。证券市场随时都处于波动状态，但如果忽视那些小波动，从整体上对市场进行长期观察，我们会看到市场要么处于牛市，要么处于熊市，要么处于震荡市。就基金投资而言，在这些不同的市场状态中，通常对应着不同的应对策略。所以，为了最大化获取市场收益，规避市场风险，投资者应该怎样来应对各种证券市场行情呢？

用偏股型基金抓住结构性牛市中的机会

通过对历年基金投资数据的研究发现，在牛市中，偏股型基金（股票基金、混合偏股型基金、股票型指数基金等）的收益率更高。因此，在一定程度上能预期到未来有牛市出现时，投资者可以提前买进偏股型基金份额，做好准备，这样更容易赚取投资收益。

虽然偏股型基金是牛市中赚取投资收益的主角，但并不是所有偏股型基金都能在牛市中翻红。其实，对偏股型基金而言，除了基金经理的投资运作等一些主观因素的影响外，还有一些客观因素会对偏股基金产生影响。例如，那些投资于周期消费、医疗、高科技等的基金，会更容易在一些结构性牛市中赚取收益。

所谓结构性牛市，就是由某些热点行业或投资热点引发的牛市行情。通常情况下，某一板块或行业中的资产重估时容易出现结构性牛市。因为这种牛市出现在个别板块或个别行业，甚至个别企业中，投资者可能不易察觉，甚至不能及时做出反应，这就与全面性牛市有一定的差别。

一些规模指数、行业指数、主题指数中比较容易出现一些投资热点，而这些投资热点，如消费、医疗、新能源、高科技等容易出现一些结构性牛市。所以，当投资者持有这样一些基金产品时，如果其中的结构性牛市到来，投资者就能抓住机会获取丰厚的投资收益。

要利用市场中的结构性牛市获取投资收益其实并不简单，市场的投资风向（热点）经常会出现变动，甚至有些热点只不过是人们"炒"出来的，只有短暂的投资机会，并没有长期投资的价值。因此，人们做基金投资，还需要不断地学习证券市场的相关知识，这样才能逐步提升自己的投资素养，更容易觉察到市场机会。

选对熊市中的避险产品

除了牛市（结构性牛市与全面性牛市）之外，投资者还需要做好熊市的应对策略。熊市经常面临着下跌，面对下跌，投资者要做的就是避险。其实，有些基金产品本身就是很好的避险工具，如黄金基金、债券基金、指数基金，具体内容见表12-1。

表12-1 熊市中的一些避险基金

基金类型	说明	适宜对象
黄金基金	黄金基金主要分为两类：一类是直接投资于国内实物黄金的基金；另一类是通过QDII投资于海外的黄金基金，以美元计价	风险厌恶者
债券基金	股市进入牛市时，债市通常会进入牛市。再加上债券基金有利息收入，长期收益较稳定，是熊市中投资者避险的优良工具	风险中立者
指数基金	指数基金熊市抄底的有效工具，因为：指数基金的投资分散，能让投资者避开个股风险；指数基金仓位较高，反弹时涨幅明显；指数基金类型全面，可以参与诸多市场行情（结构行情、主题行情）	风险偏好者

量化对冲基金，在震荡市中获取风险收益

相对而言，基金市场长时间处于震荡市。为了应对震荡市的起伏不定，投资者也可以选择量化对冲基金。

量化对冲基金其实是混合基金中的一种。在量化对冲基金中，有两个关键词，分别是"量化"和"对冲"。

（1）量化：指量化投资，这是一种使用统计学、数学的方法，运用大数据寻找高胜率的投资策略，形成量化因子和投资模型。量化投资实际上是将投资中的人为决策转化为程序自动化决策。

（2）对冲：指对冲交易策略，这是一种在降低投资风险的同时还能在投资决策中获利的手法。对冲是同时进行两笔行情相关、方向相反、数量相当、盈亏相抵的交易。所以，对冲不是让一笔投资不赚不赔，而是作为一种手段排除投资过程中的一些不利因素对投资结果的影响。

所以，对于量化对冲基金，其投资一般可以分为两部分：一部分使

用数量化的投资模型,另一部分使用对冲交易策略。即量化对冲基金既利用定量投资模型,又灵活应用多种策略对冲投资组合的市场风险,从而为投资组合谋求长期的增值。从历史统计数据来看,量化对冲基金在上涨行情中可能并没有特别突出,在下跌行情中要比其他基金更稳健一些。所以,量化对冲基金的优点就是稳健,同时稳健也是它的缺点,因此,量化对冲基金是一种绝对收益目标基金[①],正是因为这些特点的综合,量化对冲基金才能规避震荡市中的风险。

一些基金名称中包含"量化"和"对冲"字样的基金,同样是使用量化策略或对冲策略的量化基金和对冲基金。这些基金一般处于中低风险或中高风险,适合大多数投资者。

除了量化对冲基金适合在震荡市场投资之外,可转债主题基金、偏债混合基金同样能在震荡市中发挥作用。此外,采用组合投资、定投方式也可以规避震荡市中的风险。

[①] 绝对收益目标基金:投资目标是每年都能取得正回报,且无须关注是否跑赢市场取得超额收益,也无须与同类基金比较排名,风格较为稳健。

关注基金定期报告，看懂基金的信息披露

投资者买到一只基金后，除了在必要的时候调整基金组合外，还需要及时关注基金的一些重要公告。通过阅读每一只基金的公告，投资者可以有效掌握基金的运作情况。每一只基金都对应多种类型的公告，例如发行运作公告、分红送配公告、定期报告、人事调整公告、基金销售公告和其他公告。在这些基金的公告中，投资者要重点关注定期报告和发行公告。

与基金定期报告相关的一些重点项目

基金定期报告是基金公司定期发布的一些公告，包括季报、半年报和年报。在一只基金成立之后，这些定期报告就成了投资者投资该基金时的重点关注对象。当然，根据相关监管要求，基金公司必须要定期披露与基金投资运作相关的定期报告，供投资者和监管者使用。这些定期报告，除了披露时间不同之外，报告中所披露内容的详尽程度也有差异，以下是基金定期报告的一些基本情况。

1. 基金定期报告的披露时间

如表12-2所示是基金季报、半年报和年报的披露时间及相关情况的介绍。

表12-2 基金定期报告的一些基本情况

定期报告类型	披露时间	数量
季报	1月、4月、7月、10月的20日左右披露基金上个季度的季报	每年4份
半年报	8月底披露基金的上半年年报，不再披露下半年年报	每年1份
年报	次年3月底披露基金的上年年报	每年1份

投资者可以通过天天基金网或基金公司网站等渠道了解每一只基金的定期报告。一般季报因为统计及记载时间跨度较短，披露得较为及时；半年报是对基金上半年各项运行数据及相关情况的记载，涉及较长的时间跨度，因而相关统计整理时间较长，一般到8月底左右会公布；而年报涉及基金一年的运行数据及相关情况，内容更为复杂，同时相关财务数据还要经过审计，所以一般到次年3月底可以公布。在这些定期报告中，半年报和年报的时间跨度较长，因而报告中的内容更加详细。

2. 基金定期报告披露的项目内容

投资者可以借助表12-3了解基金定期报告中具体会披露的项目内容。

表12-3 各基金定期报告中披露的项目比较

披露项目		定期报告		
		年报	半年报	季报
披露的内容	基本信息	基金简介（详细）	基金简介（详细）	产品概况（简要）
	基金经理情况	有	有	有
	净值表现	3个月、6个月、1年、3年、5年、自基金合同生效起至今	1个月、3个月、6个月、1年、3年、自基金合同生效起至今	有

（续表）

披露项目		定期报告		
		年报	半年报	季报
披露的内容	合规说明	有	有	无
	未来展望	有	有	有
	运作说明	有	有	
投资组合情况	资产组合情况	有	有	有
	股票行业分类	有	有	有
	股票持仓	全部持仓	全部持仓	前十大股更
	股票重大变动	有	有	无
	债券品种分类	有	有	有
	债券持仓	前五大债券	前五大债券	前五大债券
其他重要信息	份额变动	有	有	有
	持有人情况	户数、户均份额、机构占比	户数、户均份额、机构占比	无
	财务数据	3个会计年度的主要会计数据和财务指标（详细）	至少应披露本报告期的主要会计数据和财务指标	至少应列示本报告期的主要会计数据和财务指标
	财务会计报告	经审计的年度会计报表及附注	半年度会计报表及附注	无
	收益分配	过往3年每年的基金收益分配情况	无	无
	审计报告	有	无	无

基金定期报告中的大多数项目投资者都可以理解，以下是对一些特殊项目的说明。

（1）未来展望、运作说明：基金经理对基金过去的运作情况和未来的投资展望，就像是对一只基金运作情况的小总结，投资者可以通过这些内容对基金过往和未来的市场运行情况、投资情况等进行简单的了解。

（2）份额、户数、机构占比：对基金份额的变动情况、户数、机构投资者比例的展示。基金份额决定了基金运作的稳定性，基金份额过小容易被清盘，基金份额过大会增加投资运作的管理难度。份额的申购、赎回情况则代表投资者的资金流入与流出的情况。当一只基金的机构投资者占比较大时，能反映出这只基金比较受欢迎，同时也能指导散户投资者的投资行为。例如，一些基金的机构投资者比例超过90%且户数刚好超过200人，那么这样的基金很可能是机构定制基金，散户需要谨慎对待这类基金，最好避开，因为在机构面前，散户就显得势单力薄了。同样，基金的户数也能反映基金的受欢迎程度。对于相同规模情况的基金，基金公司希望购买的户数越多越好，这样就能利用分散的投资者缓冲集中申赎的压力。

注意基金招募说明书中的重点项目

基金招募说明书是基金重要的运作报告，前面我们已经提到过利用基金招募说明书来了解基金。当投资者持有一只基金之后，也需要利用好基金招募说明书。一般来说，投资者使用基金招募说明书时，要重点关注以下项目，见表12-4。

表12-4 基金招募说明中的重点项目

重点项目	说明
投资目标	用来明确基金的投资目标是长期资本增值还是稳定的现金红利分配。主动型基金会用"严控风险""稳健增值"等词语对投资目标进行描述，基金经理的投资风格也对目标的实现有一定的影响；被动型基金的主要目标是跟踪指数
投资范围	说明基金可投资的标的及其比例。如果基金名称中表明了投资方向，例如基金名称中带有"消费""医药"等词语时，则非现金资产中属于投资方向确定内容的比例不得低于80%
投资策略	将投资目标具体化，描述基金将如何选择股票、债券和其他资产
业绩比较基准	是对基金风险的一个度量，不承诺预期收益
投资限制	为了控制基金投资风险而做出的一些限制（"双十"限制[①]、债券评级限制等）
风险提示	一般会从市场风险、信用风险、流动性风险、管理风险的角度对基金的投资风险进行描述。通过这些风险细分，投资者才能充分了解自身的风险承受能力能否与基金风险匹配
费用	主要是基金认购费、申购费、赎回费、管理费、托管费及税收等，展示基金的费用水平

在基金成立后，基金招募说明书每半年更新一次，投资者应及时关注，以便了解基金的运作情况。

搞懂基金仓位，灵活管理，确保投资收益

在投资者熟练基金投资的基本操作之后，就要学会基金仓位管理。

---

① "双十"限制：一只基金持有一家公司发行的证券，其市值不得超过基金资产净值的10%；同一基金管理人管理的全部基金持有一家公司发行的证券，不得超过该证券的10%。

在仓位管理中,仓位是指投资者所持有基金的股票市值占投资者可投资金额的比例。比如,某投资者有2万元可用于投资,他用其中的1万元买了股票基金,剩下的1万元买了二级债基(股票仓位为20%),那么该投资者的股票市值就是1.2万元(1+1×20%),即该投资者的股票仓位是60%。仓位管理在风险控制、维持收益率稳定方面有着重要的作用,以下是基金仓位管理中常用的一些方法。

1. 估值锚定法

(1)估值锚定法的基本内容:在高估值时低仓位,在低估值时高仓位,永远保持仓位结构的正金字塔型,如图12-1所示。

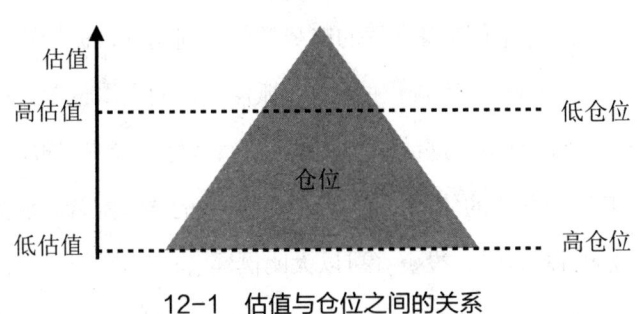

12-1 估值与仓位之间的关系

(2)估值锚定法的使用:使用该方法时,需要用一些估值指标,如PE、PB等。估值锚定法具体该如何操作呢?我们以指数基金为例进行说明。某股票型指数基金跟踪的指数为A,观察到该指数的历史PE的变动区间主要集中在[a,$a+x$],同时观察指数A当前点位的PE值在该指数PE值变动区间的高位还是低位:如果当前值处在高位,那么投资者此时的仓位可以低一些;如果当前值处在低位,那么投资者的仓位可以高一些。

其实，市场是动态变化的，不会简单进行历史重复，因此，我们对当前市场估值高点的判断也是相对的，并不能得到准确的市场估值，而是用这些估值指标进行简单量化。

（3）估值锚定法的特点：左侧建仓法[①]的体现，能很好地降低投资者的风险（尤其是在低位投资时），但会降低牛市里的回报（比较容易提前卖出）。将投资期限拉长，可以发现，使用估值锚定法经常不能买在最低点，但能买在低估区域；不能卖在最高点，但能卖在高估区域。因此，估值锚定法下的仓位管理，能在整体上提升投资回报。

2. 趋势跟踪法

（1）趋势跟踪法的基本内容：无论是牛市还是熊市，市场都会形成一定的趋势，投资者很难将全程的趋势变化都利用好，但投资者只要利用好趋势中的某一段，例如在牛市中能抓住关键的上涨位置，在熊市中能躲开主要的下跌行情，这都能让投资者取得较好的投资回报。

（2）趋势跟踪法的使用：需要技术分析中的均线配合。例如，当指数上涨突破60日均线时，投资者可以大比例建仓；当指数突破120日均线时，投资者可以重仓。相反，当指数跌破60日均线时，投资者要开始大幅度减仓；当指数跌破120日均线时，则要轻仓。

通常，周期越短的均线，敏感度越高；周期越长的均线，敏感度越低。此外，技术分析中的MACD指标、KDJ指标都可以应用到趋势跟踪法中，投资者可以通过学习技术分析相关知识进行了解。

[①] 左侧建仓法：投资者凭借对估值的把握，在自认为便宜的时点就开始分阶段买入，且越跌越买，或者按照下跌的幅度分阶段买入；一旦到了基本面好转、预期改变、股价上涨就停止买入。

（3）趋势跟踪法的特点：右侧建仓法[①]的体现，能帮助投资者抓住主要的上涨行情，躲开主要的下跌行情。不过，该信号经常会出错，再加上趋势跟踪法不注重市场高位和低位，因此投资者在利用该信号做决策时要注意做好止损准备。

3. 动态平衡法

（1）动态平衡法的基本内容：各类资产均存在均值回归的倾向，通过定期在不同资产之间进行动态平衡，使投资组合中各类资产保持稳定的比例，能自动实现"低位时加仓，高位时减仓"的效果。

（2）动态平衡法的使用：通过主动调整让基金账户中各类资产的比例保持稳定。例如，某投资者利用2万元构建了一个"股债五五分配"的投资组合，即持有50%的股票基金和50%的债券基金。一年后，股市上涨明显，当初市值1万元的股票基金现在的市值为1.5万元，而债券行情不理想，债券基金市值仍为1万元。这时，组合的总资产变成了2.5万元，其中股票基金占比60%，债券基金占比40%。为了继续保持组合的"股债五五分配"，我们就需要卖出10%的股票基金，即卖出0.25（2.5×10%）万元的股票基金，然后用这些资金购买债券基金。这样调整之后，组合中股票基金为1.25（1.5-0.25）万元，债券基金为1.25（1+0.25）万元。在接下来的年份，投资者可以利用这种方法继续对组合进行动态调整。

（3）动态平衡法的特点：是一种逆向调整策略，类似于左侧建仓法。容易过早卖出兑现部分收益而使长期收益下降。较适合追求长期稳健投资收益的投资者。

[①] 右侧建仓法：综合趋势和基本面，某一股票的股价大幅下跌之后，反弹的第一阶段仍没有之前的下跌巨大时采用的一种建仓方法。该方法一般是一次性买入，借助趋势获取第二阶段、第三阶段的上涨。

理解彼得·林奇七大投资法则，做好长期投资

随着投资能力的逐步增强，向投资高手进阶是投资者必然要经历的一个过程。在这一过程中，学习一些专业投资人士的投资理念，能为普通投资者带来一些很好的启发。下面，我们就来介绍下投资界传奇人物彼得·林奇的七大投资法则，投资者可以使用该法则来指导自己的投资行为，从而做好基金的长期投资工作。

法则一：尽可能多地投资股票型基金

彼得·林奇非常擅长选股，他建议基金投资者最好选择股票型基金进行投资。因为，从证券市场的长期发展来看，持有股票型资产的平均收益要高于其他资产。

关于这一法则，投资者可能会有这样的疑问：投资股票型基金，万一股市不振，那收益还有保证吗？对于这一问题，彼得·林奇给出的解答是："如果不能很好地预估股市的未来，那么就坚定地持有。"这其实是关于投资信念的问题。对投资者来说，避开股票的风险要比持有股票的风险更大，这可以从全球历次的股灾中得到验证，不管熊市会出现多少次，只要坚持投资，最终的结果都远好于避开股市的风险。在股市的上升期，投资者无须担心；在股市的震荡期，投资者要克服恐惧，理

性面对市场的变化。

投资者投资股票型基金,坚持这一法则时,要注意以下两个前提。

(1)这部分投资资本应该是以长期资本增值为目的的投资,不会给个人及家庭财务状况带来影响,这样投资者就不会因为基金的短期波动而面临财务压力。

(2)明确什么样的股票型基金可以坚持投资,什么样的投资方式可以坚持,然后挑选优秀的股票基金,组合不同的投资风格,这样投资者就可以更好地规避市场调整风险。

法则二:忘掉债券型基金

将债券型基金产品忘掉,这一投资法则与法则一有相通性。

彼得·林奇对这一法则的解释是:"从资本增值角度来看,还是股票型资产的收益更好。"如果投资者喜好固定收益,那么直接购买债券的收益会比投资债券基金更高。因为从长期实践来看,债券型基金的收益并不比单个债券更好,并且在购买债券型基金的过程中,还要支付一定的申购费、管理费,这样成本更高,收益反而更不确定。此外,如果坚持长期持有基金,债券型基金的收益要比债券的收益更差。所以,债券基金更适合打理中短期资金。

法则三:按基金类型评价基金

了解基金的类型,更有利于投资者做出正确的投资决策。

彼得·林奇对这一法则的解释是:"不同类型的基金产品,在不同的市场时期和市场环境下会有不同的表现。"投资者对基金的收益差异进行比较时,不能简单地只看收益,而应该将这些基金放在同一类型或同一投资风格的条件下进行比较,这样才能对基金的投资表现有更准确的认识。在各种投资风格下都会有好基金,不同风格的好基金是投资者构建投资组合的基础。

法则四:忽视短期表现优秀的基金

很多投资者选择基金时,对研究基金过去的表现非常上心,特别是基金最近一年或半年的表现。其实,这种挑选基金的方式不够严谨。

彼得·林奇解释道:"基金中的短跑冠军未必能够成为长跑冠军,只有当基金在更长一段时期内表现稳定时,才能在一定程度上反映出其具有良好的持续性。"也就是不要花太多的时间去研究在过去某一段时间内表现良好的基金,而是要选择长期表现良好的基金并坚持投资。这就要求投资者要关注基金的收益持续性,收益持续性好的基金要比短期冠军基金更有投资价值。

法则五:组合投资,分散基金投资风格

在投资基金时,投资者要按照分散组合中基金的投资风格的原则来构建一个基金组合。彼得·林奇解释道:"随着市场环境的变化,具有某种风格的基金管理人或一类基金不可能一直表现良好。"投资者很难把握下一个投资转机,因此对不同风格的基金进行投资是很有必要的。此外,投资者构建投资组合时,要避免以下误区。

(1)避免组合过于分散:投资组合不是越分散越好,分散要有一定的度,一般情况下,一个组合中的基金数量最多不超过3只,而且要挑选优秀基金放在组合中。

(2)避免组合中的基金雷同:当基金组合中的基金雷同时,各只基金的收益表现相关度增高，这就起不到分散风险的作用。

法则六：调整投资组合

对已经持有的基金组合，还可以根据市场环境进行调整。调整的一般原则是：向组合中增加投资时，选择近期表现持续不好的风格追加投资（前提是该只基金本身没有问题，只是受一些客观因素影响而出现一些下挫）。不要在基金品种之间频繁进行转换，而要通过追加资金来调整组合的资产配置。

彼得·林奇的经验证明，上述调整投资组合的方式更有效，这是以基金表现风格之间的轮动为基础，使基金风格在股市的不同大小盘之间轮动，从而实现切换风格，达到调整投资组合的目的。

法则七：适时投资行业基金

寻找合适的时机投资行业基金，将投资范围限定在某个行业的上市公司基金中。

彼得·林奇认为，在理论上，股票市场上的每个行业都有表现的机会。在具体的操作中，向组合增加投资时，选择近期表现落后于大盘的行业。该原理与"调整投资组合"原理一致。投资者要做的就是对行业进行研究，选择低估值并有复苏迹象的行业进行投资。

后记
POSTSCRIPT

根据笔者多年的投资经验，在投资领域，"理解"是一个非常重要的点。

普通投资者可能对金融市场的运行机制不能透彻地理解，但可以对其中的某一方面做深入的理解，也可以对自己做更加深入的理解。理解自己，知道自己的能力范围、风险偏好等；理解某一投资领域，认识这一领域的运行规律、方向和逻辑。基于这些理解，当我们将视角放到基金投资上时，会变得更加理性、谨慎、沉稳，甚至能用更加平常的心态对待基金投资，克服急躁、焦虑、盲目等负面行为。

所以，当你想要做基金投资时，请务必先理解什么是基金投资，然后根据基金投资的基本逻辑，认识基金产品、认识自己，选择可靠的、适合自己的基金产品做投资。我们任何人都不能保证某一基金产品是完全没有风险的，也不能对任何基金产品的收益做出保证。在投资这条路上，主要靠投资者的学习、钻研、积累、实践……

正因为如此，本书力求在为读者传递基金投资知识的同时，还能为读者传递投资理念、投资思想。在写作本书的过程中，笔者听取了多位专业投资分析人士的观点，访问了多家权威网站（中证指数有限公司官网、中国证券投资基金业协会官网、中国人民银行官网、上海证券交易所官网等）的统计数据及资料，结合当前的投资环境，力求给读者打造一本新颖的基金投资指南。

可以说，我们要打开基金投资这扇门，不止有敲门这一种办法，还可以主动寻找钥匙。所以，只要读者认真学习基金投资知识，就定能理解基金投资、做好基金投资。最后希望本书能给基金投资爱好者一定的帮助，解决相关的实操问题。